# LINCOLN TO DONCASTER

## via Gainsborough

Vic Mitchell and Keith Smith

MP Middleton Press

*Front cover: No. 66141 passes Saxilby with a colourful trainload of containerised fly ash from West Burton to Colnbrook on 21st July 2006. This was a short-term flow, which served construction works near Heathrow Airport. At that time, the Joint line carried relatively little freight traffic, but it formed the most convenient route for the fly ash from West Burton Power Station. (P.D.Shannon)*

*Back cover: The complex ownership of the routes in Lincoln is shown on the Railway Clearing House diagram of 1908.*

*Published April 2017*

*ISBN 978 1 910356 03 6*



*Production Editor Deborah Esher*
*Typesetting & design Cassandra Morgan*
*Cover design Matthew Esher*

*Published by*
*Middleton Press*
*Easebourne Lane*
*Midhurst*
*West Sussex*
*GU29 9AZ*
*Tel: 01730 813169*
*Email: info@middletonpress.co.uk*
*www.middletonpress.co.uk*

*Printed and bound by CPI Group (UK) Ltd, Croydon, CR0 4YY*

# INDEX



# ACKNOWLEDGEMENTS


We are very grateful for the assistance received from many of those mentioned in the credits, also from M.Back, A.J.Castledine, G.Croughton, G.Gartside, C.M.Howard, N.Langridge, B.Lewis, J.P.McCrickard, J.Nash, Mr D. and Dr S. Salter, T.Walsh, D.Wayne, and in particular our always supportive families.


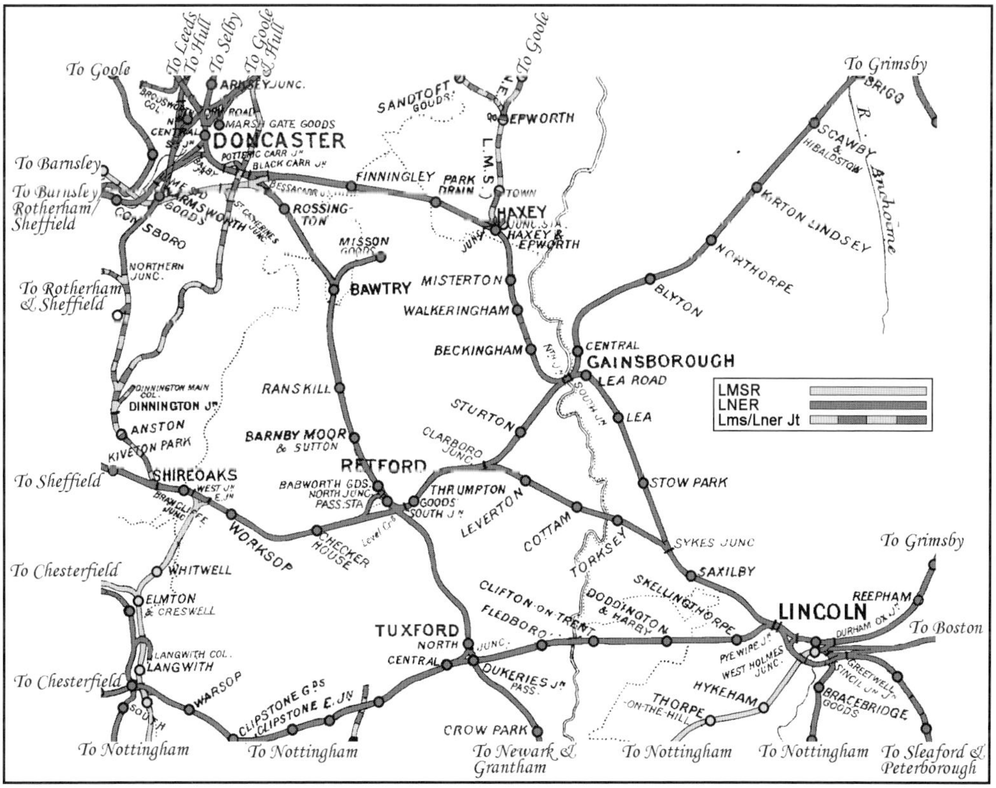


I. Railway Clearing House map for 1947.

# GEOGRAPHICAL SETTING

Most of the route was built in the county of Lincolnshire, in its Parts of Lindsey. The line west of Finningley was laid in Yorkshire.

The geological strata run from north to south and there are many outcrops in the vicinity of Lincoln, where they are edge on. The River Witham cuts through all of them. They form a ridge which is an extension of the Cotswolds and runs north to the River Humber and beyond. Much limestone is contained therein.

Sandstones are under much of the remainder of the route to Doncaster, which is fairly level. The south-north flowing River Trent is crossed at Gainsborough. Two of its west-east flowing tributaries are passed over subsequently; they are the Rivers Idle and Torne. The River Don is just north of Doncaster station.

For the first few miles, our route from Lincoln runs near to Britain's oldest man-made canal. It was completed by the Romans in about AD120 and is still in use, linking the Rivers Trent and Witham, just west of Lincoln city centre. It is the Fossdyke Navigation.

The maps are to the scale of 25ins to 1 mile, with north at the top, unless otherwise indicated.

April 1880

PETERBRO', MARCH, SPALDING, BOSTON, KIRKSTEAD, HORNCASTLE, LINCOLN, GRANTHAM, and DONCASTER.—G.N.

| Fm. Leicester, p. 218 | Week Days. | | | | | | | | | | | | Sndys | |
|---|---|---|---|---|---|---|---|---|---|---|---|---|---|---|
| | aft | mrn | mrn | mrn | mrn | mrn | mrn | aft | non | aft | aft | aft | aft | mrn |
| King's Cross Sta., London 128 dep | 9 0 | Wednesdays only between Kirkstead and Horncastle. | 5 15 | .... | Tuesdays only. | .... | 9 0 | Tuesdays only. | 12 0 | 1230 | 2 45 | 5 30 | 8 20 | 8 35 |
| Peterbro' (Prstgt) d | 2 30 | | 6 55 | .... | | 8 15 | 1057 | | 1 55 | 3 30 | 4 30 | 7 18 | 2 30 | 12 0 |
| Peakirk | mrn | | 7 6 | .... | | 8 26 | 11 8 | | 2 7 | 3 42 | 4 41 | 7 29 | mrn | 1211 |
| Deeping St. James | .... | | 7 11 | .... | | 8 31 | 1113 | | 2 13 | 3 48 | 4 46 | 7 34 | .... | 1216 |
| Littleworth | .... | | 7 19 | .... | | 8 39 | 1121 | | 2 22 | 3 57 | 4 56 | 7 42 | .... | 1224 |
| Spalding 121 ..arr | 3 2 | | 7 28 | .... | | 8 48 | 1132 | | 2 32 | 4 11 | 5 8 | 7 51 | 3 2 | 1233 |
| March and Spalding Line: March ....dep | .... | | 6 30 | Except Tues. | 7 35 | Wdnsdys only. | 1025 | | Tuesdys only. | Saturdys only. | 3 45 | .... | .... | .... |
| Guyhirne | .... | | 6 38 | | 7 43 | | 1032 | | | | 3 55 | .... | .... | .... |
| Murrow 218 | .... | | 6 45 | | 7 50 | | 1040 | 3 8 | | | 4 5 | .... | .... | .... |
| French Drove | .... | | 6 51 | | 7 56 | | 1048 | a | | | 4 18 | .... | .... | .... |
| Postland | .... | | 7 0 | | 8 5 | | 1058 | a | | | 4 25 | .... | .... | .... |
| Cowbit | .... | | 7 10 | | 8 14 | | 11 7 | a | | | 4 37 | .... | .... | .... |
| Spalding 121a | .... | | 7 20 | | 8 25 | | 1115 | 3 36 | | | 4 45 | .... | .... | .... |
| Spalding .......dep | 3 3 | | 7 30 | | Stop | 8 52 | 1137 | 3 45 | .... | 4 15 | 5 13 | 7 53 | 3 3 | 1234 |
| Surfleet & Gosberton | .... | | 7 38 | | | 8 58 | 1146 | 3 55 | .... | 4 24 | 5 22 | 8 0 | .... | 1243 |
| Algarkirk & Suttrtn | .... | | 7 45 | | .... | 9 5 | 1155 | 4 5 | .... | 4 32 | 5 30 | 8 8 | .... | 1253 |
| Kirton | .... | | 7 51 | | .... | 9 11 | 12 2 | 4 12 | .... | 4 41 | 5 37 | 8 15 | .... | 1 0 |
| Boston 137 ..... a | 3 28 | | 8 2 | | mrn | 9 25 | 1212 | 4 25 | aft | 4 50 | 5 48 | 8 23 | 3 28 | 1 10 |
| To Grimsby, p. 137 d | Stop | | 8 12 | Fridays only. | 1035 | Stop | 1222 | Stop | 3 20 | Stop | 6 0 | Stop | Stop | 1 15 |
| Langrick | | | 8 22 | | 1045 | | 1232 | | 3 30 | | 6 10 | | | 1 26 |
| Dogdyke | .... | | 8 32 | | 1054 | .... | 1242 | .... | 3 40 | .... | 6 20 | .... | .... | 1 37 |
| Tattershall | .... | | 8 36 | | 1058 | .... | 1245 | .... | 3 46 | aft | 6 23 | .... | .... | 1 41 |
| Kirkstead | mrn | | 8 48 | | 11 8 | mrn | 1254 | aft | 3 58 | 4 15 | 6 37 | .... | .... | 1 51 |
| — Kirkstead dep | 7 22 | 1018 | 9 0 | | 1128 | 1128 | 1257 | 4 15 | 4 15 | Fri. only. | 6 42 | .... | .... | .... |
| 1½ Woodhall Spa | a | 1023 | 9 7 | | 1135 | 1135 | 1 4 | 4 22 | 4 22 | | 6 49 | .... | .... | .... |
| 7½ Horncastle ar | 7 45 | 1038 | 9 30 | | 1151 | 1151 | 1 20 | 4 45 | 4 45 | | 7 12 | .... | .... | .... |
| Stixwould | Fris. only. | .... | 8 55 | | 1114 | .... | 1259 | .... | 4 5 | a | 6 43 | .... | .... | 1 57 |
| Southrey .....[137 | | mrn | 9 1 | | 1119 | mrn | 1 4 | aft | 4 10 | a | 6 48 | aft | .... | 2 3 |
| Bardney & Wragby | | 9 3 | 9 7 | | 1126 | 1143 | 1 9 | 3 57 | 4 19 | 4 35 | 6 55 | 6 38 | .... | 2 10 |
| Five Mile House | | .... | 9 16 | | 1134 | 1150 | 1 17 | 4 4 | 4 26 | a | 7 3 | 6 47 | .... | 2 18 |
| Washingbro' | | .... | 9 22 | | 1140 | 1156 | 1 22 | 4 10 | 4 35 | 4 50 | 7 9 | 6 53 | .... | 2 24 |
| Lincoln 199, 255 ar | | 9 23 | 9 33 | | 1151 | 12 7 | 1 32 | 4 20 | 4 45 | 5 0 | 7 20 | 7 5 | .... | 2 35 |
| King's Cross Sta., | Saturdays only. | mrn | mrn | mrn | | mrn | aft | | | Stop | | aft | aft | mrn |
| London 128 dep | | 5 15 | 5 15 | 7 45 | | 9 0 | 1230 | .... | | | .... | 5 30 | 8 35 | |
| Peterbro' 123 ,, | | 6 52 | 6 52 | 9 50 | | 1052 | 2 7 | .... | | | .... | 7 12 | 1153 | |
| — Grantham dep | | 7 40 | 9 16 | 1050 | Fridays only. | 1145 | 2 56 | .... | | Saturdays only. | .... | 8 0 | 4 5 | .... |
| 4½ Barkstone | | 7 49 | a | a | | a | .... | .... | | | .... | a | a | .... |
| 6½ Honington | | 7 34 | 9 27 | 11 3 | | 1157 | 3 8 | .... | | | .... | 8 13 | 4 18 | .... |
| 9½ Caythorpe | | 8 1 | 9 34 | 1110 | | 12 4 | 3 14 | .... | | | .... | 8 20 | 4 26 | .... |
| 12½ Leadenham | | 8 7 | 9 40 | 1118 | | 12 9 | 3 20 | .... | | | .... | 8 26 | 4 32 | .... |
| 16 Navenby | | 8 13 | 9 46 | 1126 | | 1215 | 3 26 | .... | | | .... | 8 33 | 4 39 | .... |
| 19 Harmston | | 8 19 | 9 52 | 1132 | | 1220 | 3 31 | .... | | | .... | 8 39 | 4 45 | .... |
| 20 Wddingtn [137 | | 8 23 | 9 56 | 1137 | | 1224 | 3 36 | .... | | | .... | 8 43 | 4 50 | .... |
| 24½ Lincln 199, 255 | mrn | 8 32 | 10 5 | 1147 | | 1233 | 3 47 | .... | | | .... | 8 53 | 5 0 | .... |
| Lincoln (High St.) d | 7 45 | Tues. only. | 10 8 | .... | | 1237 | 3 55 | Tues. & Fris. only. | Wednesdays and Saturdays only. | | 7 25 | .... | .... | 2 40 |
| Saxilby 250 | 7 57 | | 1019 | .... | | 1248 | 4 7 | | | | 7 37 | .... | .... | 2 52 |
| Stow Park | 8 7 | | 1027 | .... | | 1256 | 4 17 | | | | 7 45 | .... | .... | 3 0 |
| Lea | 8 12 | | 1033 | .... | | 1 3 | 4 22 | | | aft | 7 52 | .... | .... | 3 5 |
| Gainsboro' 249 | 8 20 | 7 38 | 1040 | .... | | 1 10 | 4 30 | | | 5 15 | 7 59 | .... | .... | 3 12 |
| Beckingham | 8 27 | 7 46 | 1046 | .... | | 1 16 | 4 37 | | | 5 22 | 8 5 | .... | .... | 3 18 |
| Walkeringham | 8 32 | 7 50 | 1050 | .... | | 1 21 | 4 42 | | | 5 27 | 8 9 | .... | .... | 3 22 |
| Misterton | 8 37 | 7 55 | 1054 | .... | | 1 26 | 4 47 | | | 5 33 | 8 13 | .... | .... | 3 26 |
| Haxey .. [232, 130 | 8 42 | 8 0 | 1058 | .... | | 1 31 | 4 52 | | | 5 40 | 8 18 | .... | .... | 3 31 |
| Finningly [219, 253 | 8 55 | 8 13 | 11 9 | .... | | 1 42 | 5 5 | | | 5 50 | 8 29 | .... | .... | 3 43 |
| Doncastr 129, 252 | 9 10 | 8 25 | 1123 | .... | | 1 58 | 5 20 | | | 6 5 | 8 45 | .... | .... | 4 0 |
| Leeds 132 ..arr | 1040 | 9 45 | 1 0 | .... | .... | 3 24 | 6 55 | | .... | 7 35 | 1010 | .... | .... | 9 50 |
| York 129 .. ,, | 1035 | .... | 1 45 | .... | .... | 3 8 | 7 40 | | .... | 7 40 | 1015 | .... | .... | .... |

| From Liverpool and M'chester, see p. 282. | | Week Days. | | | | | | | | | | | | Sndys | |
|---|---|---|---|---|---|---|---|---|---|---|---|---|---|---|---|
| | | mrn | mrn | mrn | mrn | mrn | aft | aft | aft | aft | aft | aft | aft | mrn | aft |
| York 130 ....dep | | .... | .... | .... | .... | 7 0 | .... | .... | Fridays only, Lincoln to Grantham. | 1242 | .... | Sats. only. | 4 50 | 11 5 | .... |
| Leeds (Cen) 134 ,, | | .... | .... | .... | .... | 7 40 | .... | .... | | 1 5 | .... | | 5 25 | 1110 | .... |
| Fm. Sheffld, pp. 219, 253 | | mrn | mrn | mrn | mrn | mrn | aft | aft | | aft | aft | | aft | aft | London Passengers may remain all night at Peterbro', proceeding next morning. |
| Doncaster ........dep | | .... | .... | | .... | 9 10 | .... | .... | | 2 3 | 4 0 | 4 0 | 6 50 | 1230 | |
| Finningley | | .... | .... | | .... | 9 23 | .... | .... | | 2 16 | 4 13 | 4 14 | 7 3 | 1243 | |
| Haxey | | .... | .... | | .... | 9 35 | .... | .... | | 2 28 | 4 25 | 4 26 | 7 15 | 1255 | |
| Misterton | | .... | .... | | .... | 9 40 | .... | .... | | 2 33 | 4 30 | 4 31 | 7 20 | 1 0 | |
| Walkeringham | | .... | .... | | .... | 9 44 | .... | .... | | 2 37 | 4 34 | 4 37 | 7 24 | 1 5 | |
| Beckingham | | .... | .... | | .... | 9 49 | .... | .... | | 2 42 | 4 39 | 4 43 | 7 29 | 1 10 | |
| Gainsboro' 249 | | .... | .... | | .... | 9 57 | .... | .... | | 2 50 | 4 48 | 4 50 | 7 37 | 1 18 | |
| Lea | | .... | .... | | .... | 10 2 | .... | .... | | 2 55 | 4 53 | Stop | 7 42 | 1 24 | |
| Stow Park | | .... | .... | | .... | 10 8 | .... | .... | | 3 1 | 4 59 | | 7 48 | 1 30 | |
| Saxilby 250 .....[137 | | .... | .... | | .... | 1017 | .... | .... | | 3 10 | 5 8 | .... | 7 57 | 1 39 | |
| Lincoln 255, 199, arr | | .... | .... | | .... | 1030 | .... | .... | | 3 23 | 5 21 | aft | 8 10 | 1 52 | |
| Grantham Line: Lincoln (High St) dp | | .... | 8 15 | Wednesdays only. | Fridays only. | 1035 | 1 37 | Fridays only. | 3 0 | 3 30 | Tues. and Fri. only. | 6 25 | Stop | 2 45 | |
| Waddington | | .... | 8 22 | | | 1043 | 1 44 | | 3 7 | 3 37 | | 6 33 | London Passengers may remain all night at Peterbro', proceeding next morning. | 2 53 | |
| Harmston | | .... | 8 26 | | | 1048 | 1 48 | | 3 11 | 3 41 | | 6 38 | | 2 58 | |
| Navenby | | .... | 8 32 | | | 1054 | 1 54 | | 3 16 | 3 46 | | 6 44 | | 3 4 | |
| Leadenham | | .... | 8 39 | | | 11 1 | 2 1 | | 3 24 | 3 54 | | 6 51 | | 3 11 | |
| Caythorpe | | .... | 8 46 | | | 11 8 | 2 8 | | 3 31 | 4 1 | | 6 58 | | 3 18 | |
| Honington ....[119 | | .... | 8 53 | | | 1115 | 2 16 | | 3 39 | 4 9 | | 7 5 | | 3 25 | |
| Barkstone ....[137, | | .... | a | | | 1120 | a | | a | a | | a | | 3 30 | |
| Granthm 131, 128, | | ... | 9 5 | | | 1130 | 2 27 | | 3 52 | 4 22 | | 7 20 | | 3 40 | |
| Peterbro' 131 ar | | .... | 10 4 | | | 1223 | 3 28 | | .... | 5 55 | | 8 15 | | 4 50 | |
| 131 London (K. C.) ,, | | .... | 1145 | | | 2 0 | 5 20 | | aft | 7 0 | aft | 10 0 | | 7 50 | |
| Lincoln (HighSt) d | 8 38 | 6 40 | Stop | 9 40 | 9 45 | 1038 | Stop | 3 5 | 4 0 | 3 28 | 5 40 | 6 27 | | 2 0 | |
| Washingboro' | 8 45 | 6 46 | | 9 46 | 9 55 | 1045 | | 3 10 | .... | 3 35 | 5 46 | 6 34 | | 2 6 | |
| Five Mile House | 8 52 | 6 52 | .... | 9 52 | 10 1 | 1051 | .... | 3 15 | .... | 3 41 | a | 6 41 | | 2 12 | |
| Brdney & Wragby | 9 0 | 7 0 | .... | 10 1 | 1010 | 11 1 | .... | 3 25 | 4 18 | 3 51 | 5 59 | 6 50 | | 2 21 | |
| Southrey | | 7 5 | .... | 10 5 | Stop | 11 6 | .... | 3 30 | Stop | 3 56 | a | a Stop by signal to take up, and set down on informing the Guard at the preceding stopping Station. | | 2 26 | |
| Stixwould | | 7 10 | mrn | 1010 | | 1111 | aft | 3 35 | | 4 1 | 6 7 | | | 2 31 | |
| Horncastle: Horncastle ...dep | | 6 47 | 8 22 | 9 50 | Tuesdays only. | 1045 | 1225 | .... | .... | 3 30 | 5 47 | | | .... | |
| Woodhall Spa | | 7 0 | 8 35 | 10 0 | | 1055 | 1238 | .... | .... | 3 45 | 6 0 | | | .... | |
| Kirkstead ....arr | | 7 10 | 8 45 | 1010 | | 11 5 | 1248 | .... | .... | 3 55 | 6 10 | | | .... | |
| Kirkstead | | 7 17 | Stop | 1015 | | 1120 | Stop | 3 45 | .... | 4 11 | 6 14 | | | 2 37 | |
| Tattershall | | 7 26 | | 1024 | | 1129 | | Stop | .... | 4 19 | 6 23 | | | 2 46 | |
| Dogdyke | | 7 30 | .... | 1029 | | 1133 | | | .... | 4 23 | a | | | 2 50 | |
| Langrick | | 7 40 | .... | 1039 | | 1143 | | .... | .... | 4 33 | 6 37 | | 1,2,3 | 3 0 | |
| Boston 137 .... arr | | 7 52 | mrn | 1055 | mrn | 1155 | Tuesdays only. | .... | aft | 4 45 | 6 50 | | aft | 3 15 | |
| To Grimsby, 137. dep | | 8 10 | 1040 | .... | 1110 | 12 5 | | .... | 2 15 | 4 50 | 6 57 | | 9 52 | 3 20 | 8 51 |
| Kirton | | 8 18 | 1048 | .... | 1118 | 1214 | | .... | 2 25 | 4 58 | 7 6 | | .... | 3 30 | .... |
| Algarkirk & Suttrton | | 8 26 | 1053 | .... | 1126 | 1222 | | .... | 2 33 | 5 5 | 7 12 | | .... | 3 37 | .... |
| Surfleet & Gosberton | | 8 34 | 11 4 | .... | 1134 | 1231 | | .... | 2 43 | 5 18 | 7 20 | | .... | 3 45 | .... |
| Spalding 121 ....arr | | 8 45 | 1115 | .... | 1142 | 1239 | | aft | 2 55 | 5 21 | 7 29 | | 1015 | 3 53 | 9 18 |
| March and Spalding Line: Spalding .....dep | | 9 0 | Saturdays only. | .... | .... | 1250 | | 2 30 | Wdnsdys. only. | 5 37 | .... | | .... | .... | .... |
| Cowbit | | 9 8 | | .... | .... | 1 2 | | 2 36 | | 5 47 | .... | | .... | .... | .... |
| Postland | | 9 16 | | .... | .... | 1 12 | | 2 46 | | 5 56 | .... | | .... | .... | .... |
| French Drove | | 9 24 | | .... | .... | 1 23 | | 2 55 | | 6 4 | .... | | .... | .... | .... |
| Murrow 218 | | 9 32 | | .... | .... | 1 33 | | 3 0 | | 6 12 | .... | | .... | .... | .... |
| Guyhirne | | 9 40 | | .... | .... | 1 44 | | | | 6 20 | .... | | .... | .... | .... |
| March 107 ..arr | | 9 53 | | .... | .... | 1 55 | aft | | | 6 37 | .... | | .... | .... | .... |
| Spalding ........dep | | 8 48 | 1118 | .... | .... | 1245 | 3 0 | Tuesdays only. | 3 0 | 5 25 | 7 32 | | 1017 | 3 55 | 9 15 |
| Littleworth | | 8 58 | 1128 | .... | .... | 1255 | 3 10 | | 3 10 | 5 35 | a | | .... | 4 2 | .... |
| Deeping St. James [106 | | 9 8 | 1138 | .... | .... | 1 5 | 3 20 | | 3 20 | 5 45 | a | | .... | 4 13 | .... |
| Peakirk [155, 218, 107, | | 9 14 | 1141 | .... | .... | 1 11 | 3 26 | | 3 26 | 5 51 | 7 53 | | .... | 4 17 | .... |
| Peterbro' 131, 128, a | | 9 30 | 1158 | .... | .... | 1 25 | 3 40 | | 3 40 | 6 5 | 8 5 | | 1046 | 4 35 | 9 45 |
| 131 London (K.C) arr | | 1145 | 2 0 | .... | .... | 3 30 | 5 40 | | 5 40 | 8 0 | 10 0 | | 3 0 | 7 50 | 3 0 |

## HISTORICAL BACKGROUND

The first trains to Lincoln arrived in 1846 and were operated by the Midland Railway from Nottingham. In 1848, Great Northern Railway services began from Boston and they were extended north to Gainsborough on 9th April 1849.

The year 1848 also saw trains come from Grimsby and New Holland, worked by the Manchester, Sheffield and Lincolnshire Railway. These services ran west to Retford and beyond from 1850, using the GNR route for about the first eight miles from Lincoln. The MS&LR was renamed the Great Central Railway in 1897.

Lincoln had GNR trains from the south from the junction at Honington from 1867. This company worked jointly with the Great Eastern Railway from 1879 to provide the service from Lincoln to Gainsborough and on to Doncaster. The line north of Gainsborough had opened on 15th July 1867. It became known as the GN&GE Joint Line.

Doncaster had received its first trains from the south, when the Retford route was opened by the GNR on 7th August 1850. From the north had come the Knottingley line in 1848 and, from the west, the Mexborough route in 1849. The others are detailed in the captions.

The Grouping of 1923 resulted in the GNR, the GCR and the GER becoming part of the London & North Eastern Railway. In consequence, the Joint line covering the route herein went into the LNER. The MR formed part of the London Midland & Scottish Railway.

Nationalisation in 1948 brought the LNER into the Eastern Region of British Railways and the LMSR into its London Midland Region. Subsequent branch closures are noted in the captions.

Privatisation resulted in Central Trains providing services over the route from 2nd March 1997 and East Midlands Trains doing so from 11th November 2007. Northern has also operated services on the route from Lincoln to Gainsborough.

## PASSENGER SERVICES

The table gives sample figures for trains running on at least five days per week.

| | **Fast** | | **Slow** | |
|---|---|---|---|---|
| | Weekdays | Sundays | Weekdays | Sundays |
| 1850 | 2 | 0 | 4 | 1 |
| 1882 | 0 | 0 | 4 | 1 |
| 1912 | 5 | 1 | 5 | 1 |
| 1942 | 1 | 1 | 3 | 1 |
| 1962 | 2 | 3 | 0 | 3 |

The above figures refer to through trains. From April 1972, there were just two, weekdays only. Subsequently, an hourly service was on offer from Lincoln to Gainsborough, plus two or three continuing to Doncaster. On Sundays, there were just four trains, with none to the latter. A few more arrived later, as shown on the extracts.

## LONDON, PETERBRO', BOSTON, LINCOLN, GAINSBRO', and YORK.

| Fr.Sta. between Shoreditch & Peterbro', p. 26; EustSq & P'bro', p34,41. | Week Days. 1 & 2 class | 1 2 3 gov. | 1 & 2 class | 1 & 2 class | 1 & 2 exp. | 1 & 2 class | 1 & 2 class | 1 & 2 mail | | Sundays. 1 2 3 gov. | 1&2 ml. | | Fares, Fm Peterbro'. 1st class | 2nd class | 3rd class |
|---|---|---|---|---|---|---|---|---|---|---|---|---|---|---|---|
| Shoreditch Station. | a.m. | a.m. | a.m. | a.m. | a.m. | a.m. | p.m. | p.m | | a.m | p.m | | | | |
| **London** ......dep. | Gov. to Retford. | * | .. | 6†0 | .. | 11 30 | 6 0 | 8 45 | .. | 7†0 | 8 45 | .. | s. d. | s. d. | s. d. |
| ,, Euston Sq. ,, | | .. | .. | 7 15 | 10 15 | .. | 4 0 | .. | .. | 7 30 | .. | .. | .. | .. | .. |
| **Peterbro'**......dep | | 7 0 | 8 55 | 12 25 | 2 50 | 4 15 | 8 30 | 1 43 | .. | 1240 | 1 43 | .. | .. | .. | .. |
| **Peakirk** & Deeping | | 7 10 | 9 9 | 12 39 | 3 4 | 4 29 | .. | .. | .. | 1254 | .. | .. | 2 1 | 1 6 | 0 6 |
| St. James Deeping,&c. | | 7 24 | 9 15 | 12 45 | .. | 4 35 | .. | .. | .. | 1 0 | .. | .. | 2 7 | 1 6 | 0 7½ |
| Littleworth & Deep. F. | | 7 30 | 9 25 | 12 55 | .. | 4 45 | .. | .. | .. | 1 10 | .. | .. | 3 2 | 2 1 | 1 0 |
| **Spalding** .......... | | 7 43 | 9 33 | 1 8 | 3 25 | 4 58 | .. | 2 16 | .. | 1 23 | 2 16 | .. | 4 2 | 3 2 | 1 5 |
| Surfleet ............. | | 7 53 | 9 48 | .. | .. | 5 8 | .. | .. | .. | 1 33 | .. | .. | 4 9 | 3 8 | 1 9 |
| **Sutterton**, Algrkrk | | 8 3 | 9 58 | 1 26 | 3 40 | 5 18 | .. | .. | .. | 1 43 | .. | .. | 5 3 | 4 2 | 2 0½ |
| Kirton .. [Swineshead | | 8 11 | 10 6 | .. | .. | 5 26 | .. | .. | .. | 1 51 | .. | .. | 5 9 | 4 2 | 2 3½ |
| **Boston** ........arr | | 8 19 | 10 14 | 1 40 | 3 53 | 5 34 | .. | 2 44 | .. | 2 0 | 2 44 | .. | 6 10 | 4 9 | 2 7 |
| **Boston** dep for Linc | 6 0 | 8 30 | 10 30 | 1 50 | 4 0 | 5 40 | *1 & 2 only to Retford. † Gov. from London. | Lincoln to Nottingham & Derby, page 64. | .. | 2 10 | Retford to Sheffield, page 82. | .. | .. | .. | .. |
| Langrick ............ | .. | 8 42 | 10 42 | 2 2 | .. | 5 52 | | | .. | 2 22 | | .. | 7 4 | 5 9 | 3 0 |
| Dogdyke ............ | .. | 8 56 | 10 56 | 2 16 | .. | 6 6 | | | .. | 2 36 | | .. | 8 0 | 6 3 | 3 6½ |
| **Tattershall** ...... | 6 27 | 9 0 | 11 0 | 2 20 | 4 26 | 6 10 | | | .. | 2 40 | | .. | 8 5 | 6 3 | 3 7½ |
| **Kirkstead**, Hrncstl | 6 37 | 9 10 | 11 10 | 2 30 | 4 36 | 6 20 | | | .. | 2 50 | | .. | 8 11 | 6 10 | 3 11 |
| Stixwould [WdhallSpa | .. | 9 16 | 11 16 | 2 36 | .. | 6 26 | | | .. | 2 56 | | .. | 8 11 | 6 10 | 4 1 |
| Southry .............. | .. | 9 20 | 11 20 | 2 40 | .. | 6 30 | | | .. | 3 0 | | .. | 8 11 | 6 10 | 4 2½ |
| **Bardney**, for Wrgby | 6 51 | 9 28 | 11 28 | 2 48 | 4 50 | 6 38 | | | .. | 3 8 | | .. | 9 5 | 7 4 | 4 5 |
| Five-mile House .... | .. | 9 38 | 11 38 | 2 58 | .. | 6 48 | | | .. | 3 18 | | .. | 10 0 | 7 4 | 4 9 |
| Washingborough .... | .. | 9 46 | 11 46 | 3 6 | .. | 6 56 | | | .. | 3 26 | | .. | 10 0 | 7 4 | 5 0 |
| **Lincoln**........dep | 7 14 | 10 0 | 12 0 | 3 15 | 6 15 | 7 5 | | | .. | 3 35 | | .. | 10 0 | 7 4 | 5 2½ |
| **Saxelby** .......... | 7 28 | 10 14 | 12 14 | 3 29 | 5 28 | 7 19 | | | .. | 3 49 | | .. | 10 6 | 7 10 | 5 8½ |
| Marton .............. | 7 40 | 10 26 | .. | 3 41 | .. | 7 31 | | | .. | 4 1 | | .. | 11 6 | 8 5 | 6 1 |
| Lea .................. | 7 48 | 10 34 | .. | 3 49 | .. | 7 39 | | | .. | 4 9 | | .. | 12 0 | 8 11 | 6 4 |
| **Gainsbro'** ....dep | 7 56 | 10 50 | 12 50 | 4 0 | 5 55 | 7 50 | | | .. | 4 15 | | .. | 12 6 | 9 5 | 6 7 |
| **Retford** ........ ,, | 8 18 | 11 12 | 1 15 | 4 22 | 6 15 | 8 10 | | | .. | 4 35 | | .. | 14 2 | 10 9 | 7 4½ |
| Ranskill.............. | 8 31 | 11 25 | 1 28 | 4 35 | .. | 8 23 | | | .. | 4 48 | | .. | 15 2 | 11 6 | 7 10 |
| **Bawtry**............ | 8 39 | 11 34 | 1 38 | 4 45 | 6 34 | 8 31 | | | .. | 4 58 | | .. | 15 8 | 12 0 | 8 1½ |
| Rossington .......... | 8 48 | 11 43 | 1 47 | 4 54 | .. | 8 39 | | | .. | 5 7 | | .. | 16 9 | 12 9 | 8 5 |
| **Doncaster** ....arr | 8 58 | 11 53 | 2 0 | 5 4 | 6 50 | 8 55 | | | .. | 5 17 | | .. | 17 4 | 13 4 | 8 10 |
| **Leeds** (Central Sta.) | 10 20 | 1 20 | 3 45 | 6 35 | 8 15 | .. | | | .. | 6 45 | | .. | 22 4 | 16 10 | 11 4 |
| **Wakefield**.... ,, | 10 5 | 1 5 | 3 35 | 6 25 | .. | .. | | | .. | 6 35 | | .. | 21 6 | 16 2 | 10 11 |
| **York** .......... ,, | 11 20 | 1 50 | 4 35 | .. | 9 50 | .. | | | .. | 7 30 | | .. | .. | .. | .. |

**Boston and Sleaford Omnibus.**—Leaves the Peacock Inn at 4, and the Railway Station, Boston, at 4¼ p.m. daily (except Sundays), after the arrival of trains from London, Liverpool, Manchester, Hull, Lincoln, &c.; leaves Sleaford at 8 a.m., and arrives at Boston for the 11 22 a.m. trains to London, Lincoln, Hull, &c.

March 1850

## MARCH, LINCOLN, GAINSBORO', DONCASTER, and YORK.

Great Northern and Great Eastern Joint.

| Miles from March. | Down. | Week Days. mrn | mrn | mrn (Fridays only.) | mrn (Vestibuled Restaurant Car Train Harwich to York.) | | aft | mrn | aft | mrn | mrn | aft | aft | non (Except Saturdays.) | (Saturdays only.) | aft | aft | aft | | | | Suns. mrn | aft |
|---|---|---|---|---|---|---|---|---|---|---|---|---|---|---|---|---|---|---|---|---|---|---|---|
| | Liverpool Street, | | | | | | | | | | | | | | | | | | | | | | |
| | 302 London ..........dep. | | | | 5 33 | | | 8 40 | | | 11 5 | | | 12 0 | | | 4 30 | 5 12 | | | | 9 50 | |
| | 302 Cambridge ....... ,, | | | | 8 45 | | | 10 4 | | | 1225 | | | 1 32 | | | 5 53 | 6 36 | | | | 1114 | |
| | 308 Yarmouth ‡ .. ,, | | | | 6 40 | | | 7 33 | | 1010 | | | | | | | 3 15 | 4 10 | | | | | |
| | 308 Norwich * ..... ,, | | | | 7 38 | | | 8 17 | | 11 0 | | | | | | | 4 2 | 5 0 | | | | 7§30 | |
| | 317 Harwich (P.Q.). ,, | | | | 7 2 | | | | | | 9 33 | | | 9q57 | | | 1252 | | | | | 8 50 | |
| | 306 Ipswich ......... ,, | | | | 7 37 | | | 8 38 | | | 1011 | | | | | | 3 57 | 4 35 | | | | 9 30 | |
| | 308 Ely .............. ,, | | | | 9 15 | | | 1029 | | | 1249 | 1 0 | | | | | 6 15 | 6 59 | | | | 1138 | |
| — | **March**..............dep. | | 7 0 | | 9 41 | 9 58 | | 1056 | | 1 0 | | 1 27 | | 2 55 | | | 6 42 | 7 39 | | | | 12 6 | |
| 3¼ | Guyhirne ............ | | 7 7 | | | 10 4 | | | | | | 1 33 | | 3 3 | | | | 7 46 | | | | | |
| 6¼ | Murrow .............. | | 7 13 | | | 1010 | | | | | | 1 39 | | 3 9 | | | | 7 52 | | | | | |
| 9 | French Drove ........ | | 7 18 | | | 1015 | | | | | | 1 45 | | 3 14 | | | | 7 58 | | | | | |
| 12¼ | Postland ............ | | 7 24 | | | 1021 | | | | | | 1 51 | | 3 20 | | | | 8 5 | | | | | |
| 16½ | Cowbit.............. | | 7 30 | | | 1027 | | | | | | 1 57 | | 3 27 | | | | 8 12 | | | | | |
| 19½ | **Spalding** 369 .... arr. | | 7 36 | | 10 7 | 1034 | | 1121 | | 1 25 | 1 34 | 2 3 | | 3 34 | | | 7 12 | 8 19 | | | | 1231 | |
| | dep. | | 7 38 | | 10 9 | 1036 | | 1123 | | 1 28 | 1 36 | 2 6 | | 3 38 | 3 52 | | 7 14 | 8 22 | | | | 1237 | |
| 21¾ | Pinchbeck ............ | | 7 43 | | | 1041 | | | | | | 2 11 | | 3 43 | 3 57 | | | 8 27 | | | | | |
| 24¼ | Gosberton ............ | | 7 48 | | | 1046 | | | | | | 2 16 | | 3 49 | 4 3 | | | 8 33 | | | | | |
| 28 | Donington Road ...... | | 7 55 | | | 1054 | | | | | | 2 23 | | 3 56 | 4 10 | | | 8 41 | | | | | |
| 33½ | Helpringham .......... | | 8 4 | | | 11 3 | | | | | | 2 32 | | 4 5 | 4 19 | | | 8 50 | | | | | |
| 38¼ | **Sleaford** 357,390 arr. | | 8 12 | | | 1112 | | a | | | 2 0 | 2 40 | | 4 14 | 4 28 | | 7 38 | 9 0 | | | | 1 3 | |
| | dep. | | 8 19 | | | 1115 | | a | | | 2 2 | 2 43 | | 4 18 | 4 30 | | 7 42 | 9 6 | | | | 1 5 | |
| 43¼ | Ruskington .......... | | 8 27 | | | 1123 | | | | | | 2 51 | | 4 27 | 4 38 | | | 9 15 | | | | | |
| 46 | Digby ........... [land | | 8 33 | 1055 | | 1129 | | | | | | 2 57 | | 4 32 | 4 43 | | | 9 22 | | | | | |
| 48 | Scopwick and Timber- | | 8 38 | 11 0 | | 1134 | | | | | | 3 2 | | 4 37 | 4 48 | | | 9 27 | | | | | |
| 50¼ | Blankney † ........... | | 8 43 | 11 6 | | 1139 | | | | | | 3 7 | | 4 43 | 4 53 | | 7 58 | 9 32 | | | | | |
| 52 | Nocton and Dunston.... | | 8 48 | 1111 | | 1145 | | | | | | 3 12 | | 4 48 | 4 58 | | | 9 37 | | | | | |
| 54 | Potterhanworth ...... | | 8 53 | 1116 | | 1150 | | | | | | 3 17 | | 4 53 | 5 3 | | | 9 42 | | | | | |
| 56½ | Branston ¶ ........ [675 | | 8 58 | 1121 | | 1155 | | | | | | 3 22 | | 4 58 | 5 8 | | | 9 47 | | | | | |
| 59¾ | **Lincoln** 381, 612, arr. | | 9 8 | 1133 | 1057 | 12 4 | | 1217 | | 2 21 | 2 32 | 3 32 | | 5 8 | 5 18 | | 8 14 | 9 57 | | | | 1 37 | |
| 102½ | 666 Sheffield § ....arr. | | 1050 | | 1221 | | | 1 55 | | 3 49 | | | | 7 47 | 7 47 | | 9 43 | | | | | 3 58 | |
| 143½ | 667 Manchester ‖ .. ,, | | 1218 | | 1 38 | | | 3 25 | | 5 10 | | | | 9 25 | 9 25 | | 11 5 | | | | | 5i25 | |
| — | **Lincoln** ............dep. | 7 3 | 9 42 | | 11 2 | | | 1228 | 1235 | 2 38 | | 3 36 | 3 53 | 5 12 | 5 23 | 7 15 | 8 23 | 10 2 | | | | 1 45 | 4 19 |
| 66 | Saxilby .............. | 7 13 | 9 53 | | | | | | 1246 | | | | 4 4 | 5 22 | 5 33 | 7 25 | | 1017 | | | | | 4 30 |
| 70½ | Stow Park ............ | 7 21 | 10 1 | | | | | | 1254 | | | | 4 12 | 5 30 | 5 41 | 7 33 | | b | | | | | 4 38 |
| 73¼ | Lea .................. | 7 26 | 10 7 | | | | | | 1 0 | | | | 4 17 | 5 36 | 5 47 | 7 39 | | | | | | | 4 43 |
| 75¾ | **Gainsboro'** 661, 666 arr. | 7 31 | 1012 | | | | | 1244 | 1 6 | 2 58 | | 3 55 | 4 23 | 5 41 | 5 52 | 7 44 | 8 45 | 1031 | | | | 2 6 | 4 49 |
| | dep. | 7 32 | 1014 | | | | | 1246 | 1 7 | 3 0 | | 3 56 | 4 25 | 5 42 | 5 53 | 7 47 | 8 48 | 1032 | | | | 2 7 | 4 50 |
| 78½ | Beckingham .......... | 7 38 | 1020 | | | | | | 1 13 | | | | 4 31 | 5 48 | 5 59 | 7 53 | | | | | | | 4 56 |
| 80 | Walkeringham ........ | 7 43 | 1025 | | | | | | 1 17 | | | | 4 36 | 5 53 | 6 4 | 7 58 | | | | | | | 5 0 |
| 81 | Misterton ............ | 7 47 | 1029 | | | | | | 1 21 | | | 4 6 | 4 40 | 5 57 | 6 8 | 8 2 | | 1042 | | | | | 5 4 |
| 83 | Haxey and Epworth.... | 7 52 | 1034 | | | | | | 1 26 | | | 4 11 | 4 45 | 6 2 | 6 13 | 8 7 | | 1047 | | | | 2 20 | 5 9 |
| 86½ | Park Drain .......... | Sig. | 1040 | | | | | | 1 32 | | | | Sig. | 6 8 | 6 19 | | | | | | | | |
| 89¼ | Finningley............ | 8 3 | 1047 | | | | | | 1 39 | | | | 4 56 | 6 15 | 6 26 | 8 15 | | | | | | | 5 20 |
| 96½ | **Doncaster 353, 660, 666,** 735 arr. | 8 16 | 11 2 | | 1148 | | | 1 16 | 1 50 | 3 26 | | 4 29 | 5 10 | 6 27 | 6 37 | 8 30 | 9 14 | 11 5 | | | | 2 40 | 5 34 |
| | dep. | 8 33 | 1127 | | 1153 | | 1229 | 1 20 | 2 14 | 3 32 | | 4 55 | 5 37 | 6 49 | | | 9 19 | 1217 | | | | 3 7 | 8 50 |
| 115 | Selby **740** ..........arr | 8 55 | 12 7 | | | | 1257 | 1 44 | 2 37 | 3 58 | | 5 18 | 5l37 | 7 11 | | | 9 42 | 1241 | | | | 3 30 | 9 20 |
| 128¼ | **York 698,** 730 .... ,, | 9 18 | | | 1235 | | | 2 10 | 3 5 | 4 25 | | 5 40 | 7 0 | 7 35 | | | 10 5 | 1 5 | | | | 3 56 | 9 50 |

a Stops on Fridays at 11 45 mrn.
*q* Via Sudbury and Cambridge.
**b** Stops at 10 24 aft. on Saturdays when required to set down from Lincoln.
*i* Central Station.
*l* Passengers for Selby leave Doncaster at 5 55 aft.

* Thorpe Station.
† Blankney and Metheringham.
‡ Vauxhall Station.
§ Victoria Station.
‖ London Road.
¶ Branston and Heighington.

October 1911

**Table 61 LONDON, THE EASTERN COUNTIES and SPALDING, SLEAFORD, LINCOLN, DONCASTER, and YORK**

| Miles from March | | Week Days | | | | | | | | | | | | | | | | Sundays | | | | | |
|---|---|---|---|---|---|---|---|---|---|---|---|---|---|---|---|---|---|---|---|---|---|---|---|
| | | mrn | | | aft | | | mrn | | aft | | | mrn | | | | | mrn | | mrn | | aft | |
| | 38 London (Liverp'l St.) dep | .. | .. | .. | 10T25 | .. | .. | 5 50 | .. | .. | .. | .. | 11 55 | .. | .. | .. | .. | 8 20 | .. | .. | .. | .. | .. |
| | 38 Cambridge 37 ...... " | .. | .. | .. | 11Z38 | .. | .. | 8 50 | .. | .. | .. | .. | 2 16 | .. | .. | .. | .. | 10L15 | .. | .. | .. | .. | .. |
| | 21 Harwich Town ..... " | .. | .. | .. | 7T50 | .. | .. | 7 0 | .. | .. | .. | .. | 8C50 | .. | .. | .. | .. | .. | .. | .. | .. | .. | .. |
| | 21 " (Par.Quay) " | .. | .. | .. | 7T57 | .. | .. | 7 7 | .. | .. | .. | .. | 8C59 | .. | .. | .. | .. | .. | .. | .. | .. | .. | .. |
| | 25 Felixstowe (Town) . " | .. | .. | .. | 6Y25 | .. | .. | 7 6 | .. | .. | .. | .. | 8 58 | .. | .. | .. | .. | .. | .. | .. | .. | .. | .. |
| | 32 Ipswich ........... " | .. | .. | .. | 12a25 | .. | .. | 8 0 | .. | .. | .. | .. | 10C25 | .. | .. | .. | .. | 7 22 | .. | .. | .. | .. | .. |
| | 4 Yarmouth (Vauxhall) " | .. | .. | .. | 10V15 | .. | .. | 6 30 | .. | .. | .. | .. | 8 43 | .. | .. | .. | .. | 7 40 | .. | .. | .. | .. | .. |
| | 4 Lowestoft (Central) " | .. | .. | .. | 8V40 | .. | .. | 6 16 | .. | .. | .. | .. | 8 28 | .. | .. | .. | .. | 7 0 | .. | .. | .. | .. | .. |
| | 4 Cromer ........... " | .. | .. | .. | 8X40 | .. | .. | 6 30 | .. | .. | .. | .. | 8 55 | .. | .. | .. | .. | .. | .. | .. | .. | .. | .. |
| | 4 Norwich (Thorpe) .. " | .. | .. | .. | 11T35 | .. | .. | 7 30 | .. | .. | .. | .. | 12 0 | .. | .. | .. | .. | 8 25 | .. | .. | .. | .. | .. |
| | 38 Ely ............... " | .. | .. | .. | 2a15 | .. | .. | 9 29 | .. | .. | .. | .. | 2 43 | .. | .. | .. | .. | 10 50 | .. | .. | .. | .. | .. |
| — | March ............ dep | .. | .. | .. | 6 30 | .. | .. | 9 58 | .. | .. | .. | .. | 3 30 | .. | .. | .. | .. | 11 40 | .. | .. | .. | .. | .. |
| 3½ | Guyhirne | .. | .. | .. | 6 38 | .. | .. | .. | .. | .. | .. | .. | 3 38 | .. | .. | .. | .. | .. | .. | .. | .. | .. | .. |
| 6½ | Murrow | .. | .. | .. | 6 44 | .. | .. | .. | .. | .. | .. | .. | 3 44 | .. | .. | .. | .. | .. | .. | .. | .. | .. | .. |
| 9 | French Drove & Gedney Hill | .. | .. | .. | 6 50 | .. | .. | .. | .. | .. | .. | .. | 3 50 | .. | .. | .. | .. | .. | .. | .. | .. | .. | .. |
| 12½ | Postland | .. | .. | .. | 6 56 | .. | .. | .. | .. | .. | .. | .. | 3 57 | .. | .. | .. | .. | .. | .. | .. | .. | .. | .. |
| 16¼ | Cowbit | .. | .. | .. | 7 3 | .. | .. | .. | .. | .. | .. | .. | 4 5 | .. | .. | .. | .. | .. | .. | .. | .. | .. | .. |
| 19½ | **Spalding** ........ arr | .. | .. | .. | 7 10 | .. | .. | 1023 | .. | .. | .. | .. | 4 12 | .. | .. | .. | .. | 12 7 | .. | .. | .. | .. | .. |
| — | 52 London (King's Cross) dep | .. | .. | | 4 0 | .. | .. | .. | .. | .. | | .. | 1 15 | .. | | .. | .. | .. | .. | 1110 | | 5 10 | |
| — | **Spalding** ........ dep | .. | .. | .. | 7 28 | .. | .. | 1023 | .. | .. | .. | .. | 4 20 | .. | .. | .. | .. | 15 | .. | 2 5 | .. | 8 5 | |
| 21½ | Pinchbeck | .. | .. | .. | 7 33 | .. | .. | .. | .. | .. | .. | .. | 4 26 | .. | .. | .. | .. | .. | .. | .. | .. | .. | .. |
| 24½ | Gosberton | .. | .. | .. | 7 39 | .. | .. | .. | .. | .. | .. | .. | 4 33 | .. | .. | .. | .. | .. | .. | .. | .. | .. | .. |
| 28 | Donington Road | .. | .. | .. | 7 46 | .. | .. | .. | .. | .. | .. | .. | 4 41 | .. | .. | .. | .. | .. | .. | .. | .. | .. | .. |
| 33½ | Helpringham | .. | .. | .. | 7 55 | .. | .. | .. | .. | .. | .. | .. | 4 51 | .. | .. | .. | .. | .. | .. | .. | .. | .. | .. |
| 38½ | Sleaford ......... arr | .. | .. | .. | 8 7 | .. | .. | 1055 | .. | .. | .. | .. | 5 1 | .. | .. | .. | .. | 12 41 | .. | .. | .. | 8 31 | .. |
| 53¾ | 54 Grantham ...... arr | .. | .. | .. | 8 33 | .. | .. | 2 53 | .. | | | .. | 7 5 | .. | .. | .. | .. | .. | .. | | .. | .. | .. |
| — | 54 London (King's Cross) dep | | .. | | .. | .. | .. | .. | .. | | | .. | 1 20 | .. | | .. | .. | .. | .. | | | | |
| — | Sleaford ......... dep | | .. | .. | 8 15 | .. | .. | 1059 | .. | | | .. | 5 8 | .. | .. | .. | .. | 12 47 | .. | | .. | 8 36 | |
| 43½ | Ruskington | .. | .. | .. | 8 24 | .. | .. | .. | .. | | .. | .. | 5 17 | .. | .. | .. | .. | .. | .. | | .. | .. | .. |
| 46 | Digby | .. | .. | .. | 8 30 | .. | .. | .. | .. | | .. | .. | 5 23 | .. | .. | .. | .. | .. | .. | | .. | .. | .. |
| 48 | Scopwick and Timberland | .. | .. | .. | 8 35 | .. | .. | .. | .. | | .. | .. | 5 28 | .. | .. | .. | .. | .. | .. | | .. | .. | .. |
| 50½ | Blankney & Metheringham | .. | .. | .. | 8 41 | .. | .. | .. | .. | 1210 | .. | .. | 5 34 | .. | .. | .. | .. | .. | .. | .. | .. | .. | .. |
| 52 | Nocton and Dunston | .. | .. | .. | 8 46 | .. | .. | .. | .. | 1215 | .. | .. | 5 39 | .. | .. | .. | .. | .. | .. | .. | .. | .. | .. |
| 54½ | Potterhanworth | .. | .. | .. | 8 52 | .. | .. | .. | .. | 1221 | .. | .. | 5 45 | .. | .. | .. | .. | .. | .. | .. | .. | .. | .. |
| 56½ | Branston & Heighington | .. | .. | .. | 8 58 | .. | .. | .. | .. | .. | .. | .. | 5 51 | .. | .. | .. | .. | .. | .. | .. | .. | .. | .. |
| 59¾ | **Lincoln** ........ arr | .. | .. | .. | 9 7 | .. | .. | 1137 | .. | 1231 | | .. | 6 1 | .. | | .. | .. | 1 19 | .. | 59 | | 9 9 | .. |
| 102¼ | 67 Sheffield (Vic.) .... arr | .. | .. | .. | 11 27 | .. | .. | 1 51 | .. | 4 12 | .. | .. | 8 25 | .. | | .. | .. | 3 49 | .. | 7 14 | .. | .. | .. |
| 144¼ | 37 Manchester (L.Rd.) " | .. | .. | .. | .. | .. | .. | 3 45 | .. | 6 2 | .. | .. | 11 55 | .. | | .. | .. | [illegible] | .. | 9 31 | .. | .. | .. |
| 150¼ | 37 " (Central) " | .. | .. | .. | 1 [illegible] | .. | .. | 4 20 | .. | .. | .. | .. | .. | .. | | .. | .. | 3 1 | .. | .. | .. | .. | |
| 179 | 37 Liverpool (Central) " | .. | .. | .. | 2 22 | .. | .. | 5 23 | .. | 7B26 | .. | .. | .. | .. | | .. | .. | 10 5 | | 11B32 | .. | .. | |
| — | 1 London (King's Cross) dep | .. | .. | . | 4 5 | .. | .. | .. | .. | .. | .. | .. | .. | .. | | .. | .. | .. | .. | | .. | .. | |
| — | **Lincoln** ........ dep | 6 43 | .. | .. | 9 18 | .. | .. | 1133 | .. | .. | .. | .. | 6 17 | .. | | .. | .. | 1 30 | .. | 4 30 | .. | .. | |
| 66 | Saxilby | 6 54 | .. | .. | 9 30 | .. | .. | .. | .. | .. | .. | .. | .. | .. | .. | .. | .. | .. | .. | 4 42 | .. | .. | |
| 70½ | Stow Park | 7 3 | .. | .. | 9 39 | .. | .. | .. | .. | .. | .. | .. | .. | .. | .. | .. | .. | .. | .. | 4 51 | .. | .. | .. |
| 73½ | Lea | 7 9 | .. | .. | 9 45 | .. | .. | .. | .. | .. | .. | .. | .. | .. | .. | .. | .. | .. | .. | .. | .. | .. | .. |
| 75½ | **Gainsborough** (Lea Rd.) | 7 15 | .. | .. | 9 51 | .. | .. | 12 3 | .. | .. | .. | .. | 6P44 | .. | .. | .. | .. | 1 55 | .. | 5 3 | | .. | .. |
| 78½ | Beckingham | 7 21 | .. | .. | 9 57 | .. | .. | .. | .. | .. | .. | .. | 6 51 | .. | .. | .. | .. | .. | .. | 5 9 | .. | .. | .. |
| 80 | Walkeringham | 7 26 | .. | | 10 2 | .. | .. | .. | .. | .. | .. | .. | 6 56 | .. | .. | .. | .. | .. | .. | 5 14 | .. | .. | .. |
| 81 | Misterton | 7 30 | .. | .. | 10 6 | .. | .. | .. | .. | .. | .. | .. | 7 0 | .. | .. | .. | .. | .. | .. | 5 18 | .. | .. | .. |
| 83 | Haxey and Epworth | 7 35 | .. | .. | 10 11 | .. | .. | .. | .. | .. | .. | .. | 7 5 | .. | .. | .. | .. | 2 7 | .. | 5 24 | .. | .. | .. |
| 86 | Park Drain | 7 41 | .. | .. | 10 17 | .. | .. | .. | .. | .. | .. | .. | .. | .. | .. | .. | .. | .. | .. | 5 30 | .. | .. | .. |
| 89½ | Finningley | 7 48 | .. | .. | 10 24 | .. | .. | .. | .. | .. | | .. | 7 16 | .. | .. | .. | .. | 2 18 | .. | 5 37 | .. | .. | .. |
| 96½ | **Doncaster** (Central) ... arr | 8 0 | .. | .. | 10 37 | .. | .. | 1233 | .. | .. | | .. | 7 31 | .. | .. | .. | .. | 2 30 | | 5 [illegible] | .. | .. | .. |
| 126½ | 33 Leeds (Central) ...... arr | 9 22 | .. | .. | 12 31 | .. | .. | 1 46 | .. | .. | | .. | 8 43 | .. | .. | .. | .. | 4 29 | .. | 49 | .. | .. | |
| 128¾ | 1 York .............. " | 9 40 | .. | .. | 1 13 | .. | .. | 1 30 | .. | .. | | .. | 8 50 | .. | .. | .. | .. | 3 54 | .. | 1036 | .. | .. | |

(Printed vertically in the 7th Week Days column: "EC and Buffet Car, Colchester (dep 7 20 mrn) to York (Tables 3, 32, 38 and 1)". In the 9th Week Days column: "Saturdays only." In the third Sundays column: "Via Boston (Table 52)".)

**NOTES**

a Morn.

B Passengers cross from London Road to Central Sta. at Manchester at own expense

C Via Cambridge

L Via St. Ives

P Arr 4 mins. earlier

T Except Sat. nights

V Except Sat. nights. Dep. Yarmouth 9 25 and Lowestoft 9 10 aft Suns.

X Except Sat. and Sun nights

Y Except Sat. nights. Dep. 4 43 aft on Suns.

Z Except Sat. nights. Dep. 9 25 aft on Suns.

† Change at Guide Bridge

November 1941

## Doncaster, Lincoln and Sleaford - Peterborough

**Mondays to Fridays**

| Miles | Miles | | | EM | NT ◇ | EM | EM | EM | EM A | NT ◇ | | NT ◇ | EM | NT ◇ | EM | NT ◇ | EM | EM | NT ◇ B | EM | | NT ◇ B | EM C | EM | NT ◇ B |
|---|---|---|---|---|---|---|---|---|---|---|---|---|---|---|---|---|---|---|---|---|---|---|---|---|---|
| 0 | 0 | Doncaster ■ | d | | | | | | | | | | | | | | | 10 24 | 10 04 | | | 11 04 | | 13 01 | 12 03 |
| — | 18¾ | Sheffield ■ | d | | 05 39 | | | | | 06 44 | | 07 30 | | 08 44 | | 09 44 | | | 10 44 | | | 11 44 | | | 12 44 |
| 21¼ | 51¼ | Gainsborough Lea Road | d | | 06 29 | | | | | 07 41 | | 08 26 | | 09 43 | | 10 40 | | 10 53 | 11 40 | | | 12 40 | | 13 29 | 13 40 |
| 30¾ | — | Saxilby | d | | 06 41 | | | | | 07 53 | | 08 38 | | 09 55 | | 10 52 | | 11 04 | 11 52 | | | 12 52 | | 13 44 | 13 52 |
| 36¾ | — | Lincoln | a | | 06 56 | | | | | 08 07 | | 08 53 | | 10 07 | | 11 05 | | 11 16 | 12 06 | | | 13 06 | | 13 54 | 14 05 |
| — | — | | d | 06 17 | | 07 05 | | | 08 00 | | | | 09 10 | | 10 18 | | 11 10 | | | 12 10 | | | 13 30 | | |
| 46¼ | — | Metheringham | d | | | 07 18 | | | 08 12 | | | | 09 22 | | 10 31 | | 11 23 | | | 12 22 | | | 13 43 | | |
| 53¼ | — | Ruskington | d | | | 07 27 | | | 08 21 | | | | 09 31 | | 10 41 | | 11 32 | | | 12 31 | | | 13 52 | | |
| 58 | — | Sleaford | a | 06 45 | | 07 37 | | | 08 31 | | | | 09 41 | | 10 50 | | 11 42 | | | 12 41 | | | 14 02 | | |
| — | — | | d | | | | | | 08 34 | | | | 09 42 | | 10 51 | | 11 42 | | | 12 42 | | | 14 03 | | |
| 77 | — | Spalding | d | | | | 07 00 | 08 00 | 09 00 | | | | 10 06 | | 11 13 | | 12 04 | | | 13 07 | | | 14 25 | | |
| 93¼ | — | Peterborough ■ | a | | | | 07 22 | 08 22 | 09 23 | | | | 10 30 | | 11 34 | | 12 26 | | | 13 30 | | | 14 46 | | |

| | | EM | NT ◇ B | EM | EM | EM ◇ C | | NT ◇ B | NT ◇ B | EM D | NT ◇ B | EM | NT ◇ B | EM | EM | NT ◇ | | EM | EM E | NT ◇ | EM | EM | EM F | | |
|---|---|---|---|---|---|---|---|---|---|---|---|---|---|---|---|---|---|---|---|---|---|---|---|---|---|
| Doncaster ■ | d | | 13 04 | | 14 27 | | | 14 04 | 15 04 | | 16 03 | | 17 01 | | | | | 19 36 | | | | 20 33 | | | |
| Sheffield ■ | d | | 13 44 | | | | | 14 44 | 15 44 | | 16 44 | | 17 44 | | | 18 45 | | | | 19 49 | | | | | |
| Gainsborough Lea Road | d | | 14 40 | | 14 52 | | | 15 40 | 16 40 | | 17 40 | | 18 40 | | | 19 41 | | 20 01 | | 20 45 | | 20 59 | | | |
| Saxilby | d | | 14 52 | | 15 05 | | | 15 52 | 16 52 | | 17 52 | | 18 52 | | | 19 53 | | 20 13 | | 20 57 | | 21 12 | | | |
| Lincoln | a | | 15 06 | | 15 15 | | | 16 06 | 17 06 | | 18 06 | | 19 06 | | | 20 07 | | 20 23 | | 21 10 | | 21 25 | | | |
| | d | 14 41 | | 15 12 | | 16 00 | | | | 17 18 | | 18 10 | | 19 15 | | | | | 20 48 | | | | | | |
| Metheringham | d | 14 54 | | 15 25 | | 16 13 | | | | 17 32 | | 18 23 | | 19 28 | | | | | 21 01 | | | | | | |
| Ruskington | d | 15 03 | | 15 34 | | 16 22 | | | | 17 42 | | 18 32 | | 19 37 | | | | | 21 10 | | | | | | |
| Sleaford | a | 15 13 | | 15 44 | | 16 33 | | | | 17 53 | | 18 42 | | 19 47 | | | | | 21 19 | | | | | | |
| | d | 15 16 | | | | 16 34 | | | | | | | | | | | | | | | | | | | |
| Spalding | d | 15 38 | | | | 16 56 | | | | | | | | | 18 08 | | | | | | 19 59 | | 21 05 | | |
| Peterborough ■ | a | 15 59 | | | | 17 18 | | | | | | | | | 18 30 | | | | | | 20 22 | | 21 27 | | |

A From Liverpool Lime Street to Norwich
B From Skegness
C From Lincoln
D To Norwich
E From Sheffield to Norwich
F From Manchester Piccadilly to Norwich

January 2017

# LINCOLN CENTRAL

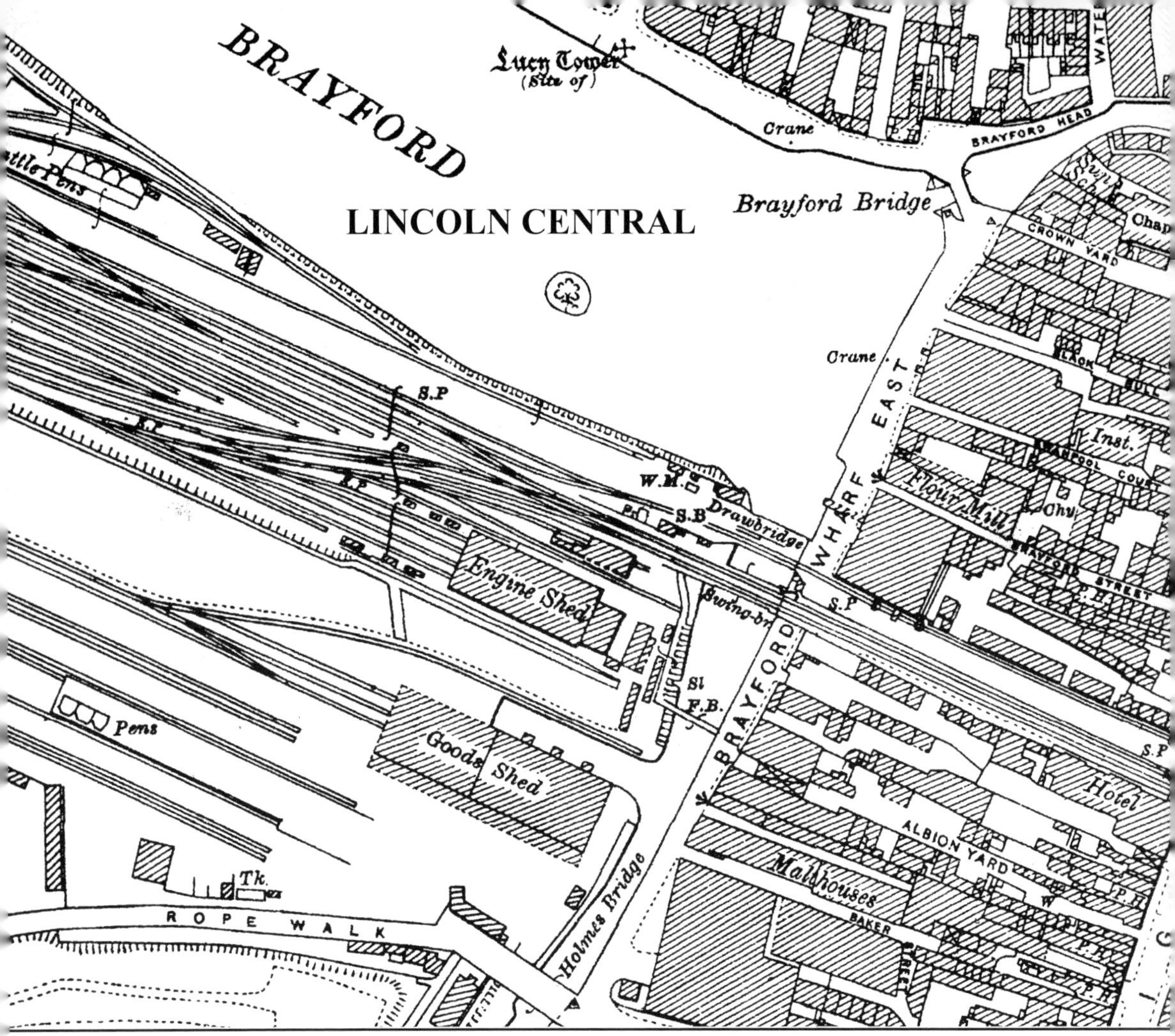


↓ II. This 1908 diagram is on the back cover in colour. Lincoln Central is marked as G.N. Pass. We travel to the upper border, left. The MR line from Nottingham is lower left and this was provided with a curve to Boultham Junction in 1985, so that its line through the city could be closed. Subsequently, all passenger trains used Central station. The loop line to Greetwell West Junction was used for freight, mainly, until closed in 1983. The route was known as the Avoiding Line.

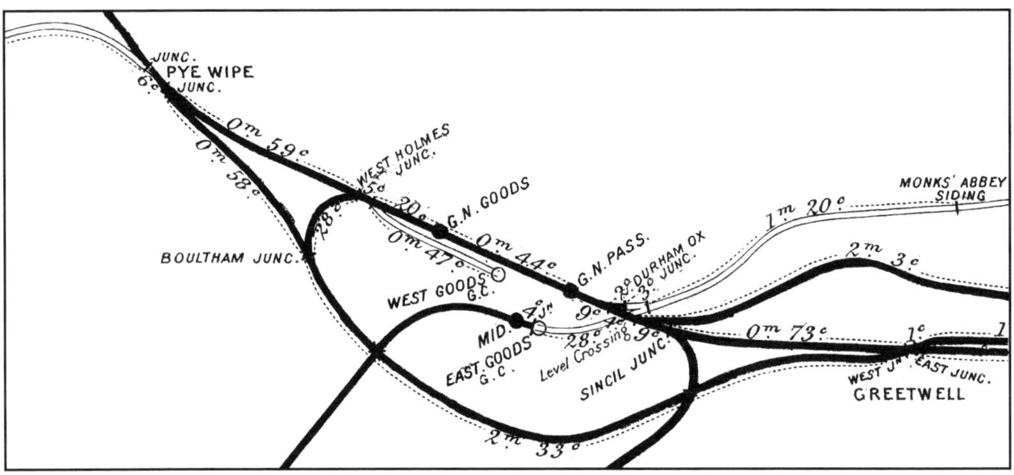

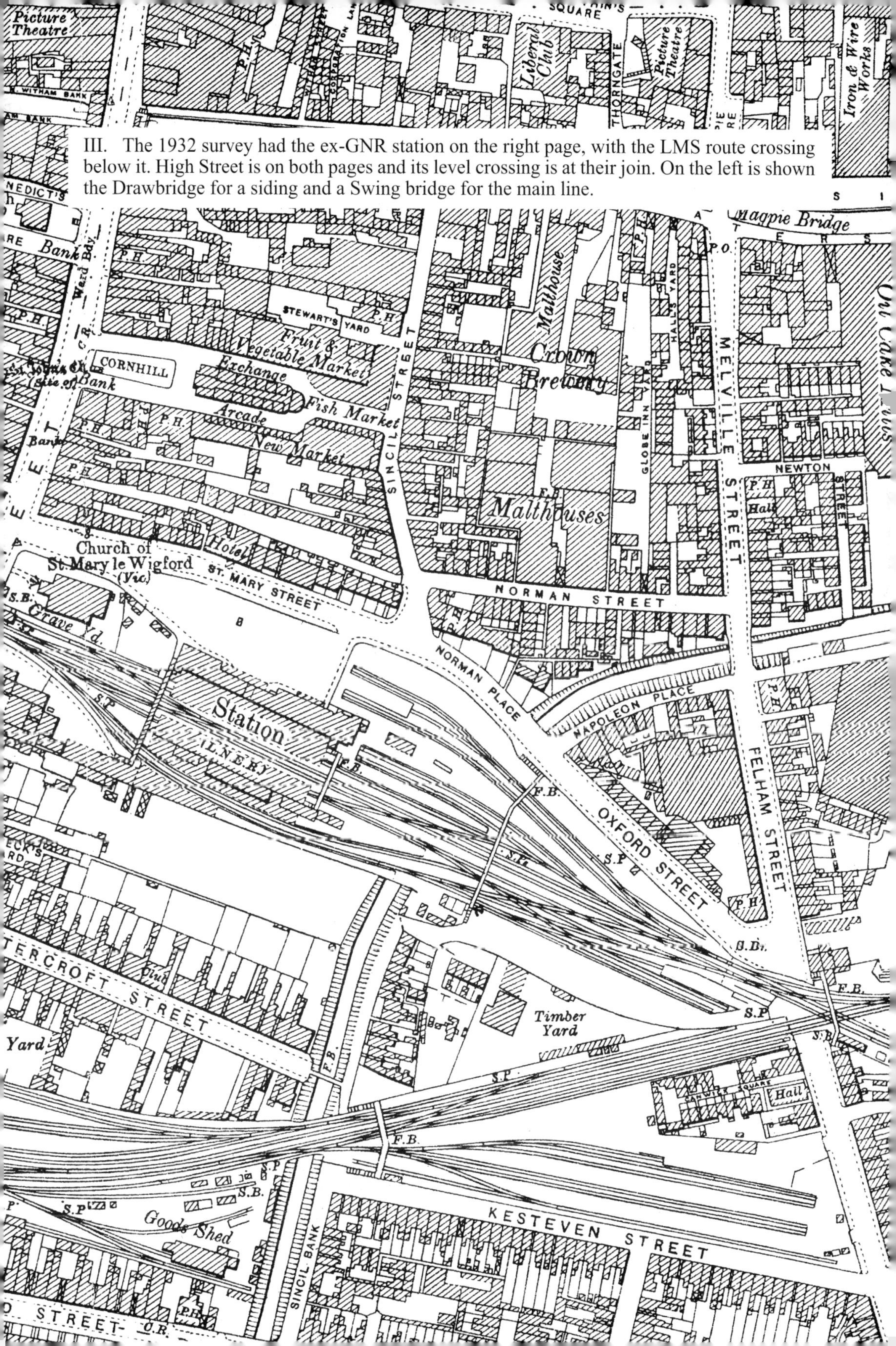


III. The 1932 survey had the ex-GNR station on the right page, with the LMS route crossing below it. High Street is on both pages and its level crossing is at their join. On the left is shown the Drawbridge for a siding and a Swing bridge for the main line.

1. Through coaches between London and local lines were once shunted in this manner. Horses were also used extensively for shunting and deliveries. There was a 3ft 6ins gauge horse-drawn street tramway on a single route south from 1882. It was electrified in 1905 and closed in 1929. It ran between the MR station and Bracebridge. (LOSA)

2. Waiting to depart east on 26th June 1933 is LNER no. 3987, a class C2 4-4-2 produced in June 1900. The term CENTRAL was not used after 1985, when the ex-MR station ST. MARKS was closed. The goods yards both had 10-ton cranes until about 1960. (H.C.Casserley)

3. Platform 5 is seen on 3rd July 1956 as the awnings were renewed. Picture 1 shows that the stanchions were originally between the tracks. The goods yards closed in 1965-66. (P.J.Kelley)

Boultham Gate Siding ......
Boultham Wharf...............
Bracebridge Gas Works.....
Bracebridge Siding............
Cannon, B., & Co.'s Siding (L. M. S.) ............ .....
Clark's Crank & Forging Co.'s Sid. (L.N.E.,G.N.)
Clayton & Shuttleworth's Stamp End Wks(LNE,GC)
Clayton Dewandre, Ltd. (L. N. E., G. C.)............
Doughty-Richardson Fertiliser, Ltd. Sid. (LNE, GN)
East ............................
Foster & Co.'s Siding (LMS)
Gwynnes Pumps, Ltd. (L. M. S.)..................
Holmes Yard (L.N.E., G.N.)

Junction ......................
Lincoln Sewage Farm (L.N.E., G.N.)..............
LincolnWagon and Engine Co.'s Sid.(L.N.E.,G.N.)
Monk's Abbey Sid.(L.N.E.)
Newsum, Son & Co.'s Siding (L.N.E., G.N.) .........

Robey & Co.'s Siding (L.N.E., G.N.)............
Rowlands Siding ...........
Ruston & Hornsby, Ltd.—
Boiler Works (L. M. S.)...
Boultham Works (L.M.S.)
Iron Works (L.N.E.,G.C.)

Spike Island Foundry (L. M. S.) ...............
Wood Works (L. M. S.)...
Ruston-Bucyrus, Ltd. (Excavator Wks) (LMS)
Smith Clayton Forge,Ltd., Tower Works (Abbey Works Siding)...........
Stone's Place Siding (LNE., G. N. & G. E. Jt.) ........
Warriner's Siding ...........
West .........................
Lincoln Brick & Tile Co.'s Sid.
Lincoln Brick Co.'s Siding ...
Lincoln Road Car Co., Ltd., Siding (L. N. E., G. N.)......
Lincoln Wagon & Engine Co. Siding (L. N. E., G. N.) ...

Lincolnshire Chemical Co. ...

Local sidings listed in 1938.

4. The photographer is on the footbridge serving the users of Pelham Street, which is on the right of the map. A highway flyover replaced the level crossing in 1958. It is 25th July 1959 and class B1 4-6-0 no. 61026 *Ourebi* restarts the Manchester Central to Mablethorpe Saturdays-only Holiday Special. (J.Cupit/R.Humm)

→ 5. This footbridge is beyond the two evident in picture 4. The tower in pictures 3 to 5 has its base in picture 2. No. 31119 has just arrived with the 9.40am Yarmouth to Manchester train on 28th July 1979. On the adjacent line is no. 31281, which will take the train onwards. (T.Heavyside)

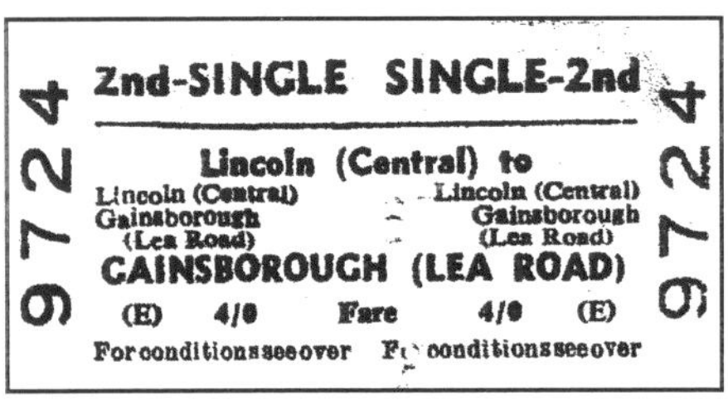

↓ 6. No. 31226 stands on one of the centre roads at Lincoln Central on 13th April 1983, after running round a ballast train, which had arrived from the Barnetby line and would return on the same route. Class 105 and 114 DMUs stand at the westbound and eastbound platforms respectively, while pilot locomotive no. 08183 rests in one of the bays. The nearest footbridge was for public use, not passengers. (P.D.Shannon)

# LINCOLN

7. No. 60088 is about to pass over High Street Crossing on 17th March 1993. The locomotive was named *Buachaille Etive Mor* and seen beyond it is St. Mary's Church, to use its local abbreviation. The 1874 signal box had 36 levers and was in use until 19th July 2008. In the distance is East Holmes box. (M.J.Stretton)

**For other views of the Lincoln area, see Middleton Press albums** ***Nottingham to Lincoln*****,** ***Lincoln to Cleethorpes*****,** ***Boston to Lincoln*** **and** ***Peterborough to Lincoln*****.**

8. Northern Rail liveried single car no. 153307 leaves platform 5 on 17th July 2014, with the 11.25 to Adwick via Sheffield and approaches High Street level crossing, one of the busiest on the UK network. This view has been substantially altered by the construction of a heavily engineered footbridge to keep High Street pedestrians on the move, regardless of train movements. The signal gantry was in use from 2008. (A.C.Hartless)

9. The north elevation is seen on 2nd November 2016 and the architectural details appear to be in perfect condition. A wider panorama was ruined by trees. (Janet Smith)

# WEST OF LINCOLN CENTRAL

## High Street Crossing

10. A fine panorama from 8th June 1926 features no. 3908, a class J55 0-6-0ST, first built in 1891. Included is an ex-GNR somersault signal and most of the station's chimney pots. The extension to the box, at the nearest end, contains the apparatus for the power-operated crossing gates. (H.C.Casserley)

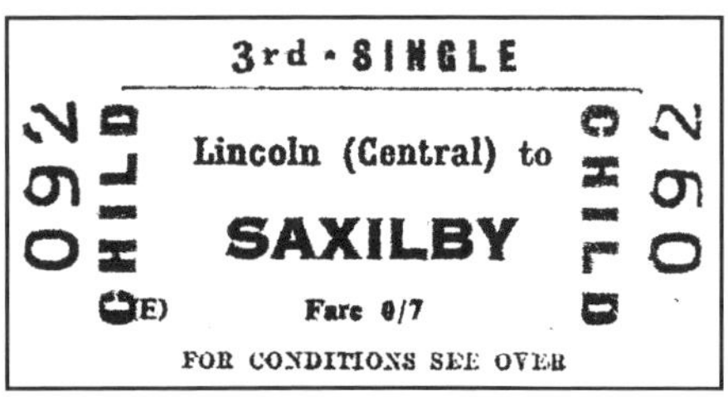


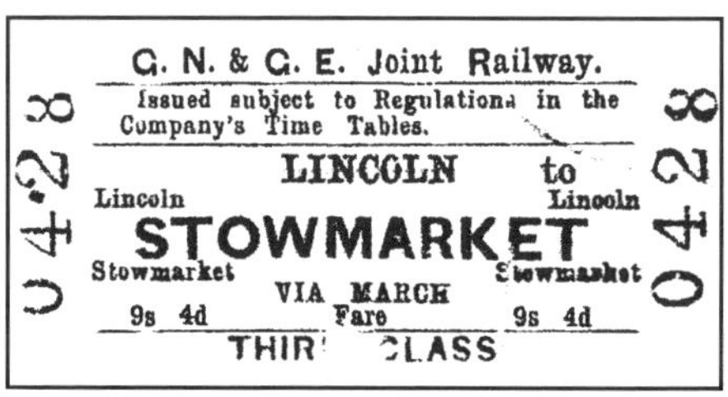

11. Crossing the High Street on 28th July 1979 is a DMU bound for Doncaster. The ageing footbridge is on the left and the historic cathedral dominates the high ground of the city. The latter attracts countless visitors. (T.Heavyside)

12. The replacement footbridge was provided with lifts for the less mobile. It was opened on 24th June 2016, photographed on 6th November 2016 and cost £12m. Some prefer to wait and watch the trains. (Janet Smith)

Waves Farm
City Hospital (Infectious Diseases)
Lodge
Allotment Gardens
Albion Brick Works
Mission Room
Race Course
Golf Course
WEST COMMON
Isolation Hospital (Lincoln Corporation)
Public Bath
Pyewipe Inn
Pyewipe Sidings
Towing Path
Main Drain
Catchwater
Engine Shed
Ferry
Aqueduct
Pyewipe Junction
Pumping Engine House
Co. & Parly Boro. By.
Grand Stand
Stand
Dunham 11
Lincoln 1
Pav.
Golf Club Ho.
Norman House
Fertiliser Works
Holmes West Junction
Wagon Repairing Depot
Goods Shed
Parly. Boro. By.
L.N.E.R. MARCH & DONCASTER
L.N.E.R. BOULTHAM CURVE
BALLAST HOLES
Boultham Junction
Spike Island Works
NEW BOULTHAM
Boultham Leather Wks.
Confectionery Wks.
Co. Boro. By.
Swan Pool
Allotment Gardens
Boiler Works
Allot. Gdns.
B.M. 19·8
B.M. 18·7
B.M. 33·6
B.M. 19·6
B.M. 15·4
B.M. 17·7

IV. The 1933 revision at 5ins to 1 mile has our route to Doncaster top left, with the junction and engine shed nearby. The line at the lower right border is shown on map II to bypass the stations. Until the early 1970s, it was carrying around 60 freight trains daily. By 1972, the freight forwarded from Lincoln was 14,000 tons, which included 11,000 tons of scrap iron and steel. The freight received was 28,000 tons, including 11,000 tons of iron and steel items, 4,000 tons of petroleum products and 3,000 tons of rock salt. Also received were 170,000 tons of coal and coke, mainly for electricity generation. The Avoiding Line had been a GNR/GER Joint creation. The turntable (near the right margin of the left page) was ex-GNR and 65ft in length.

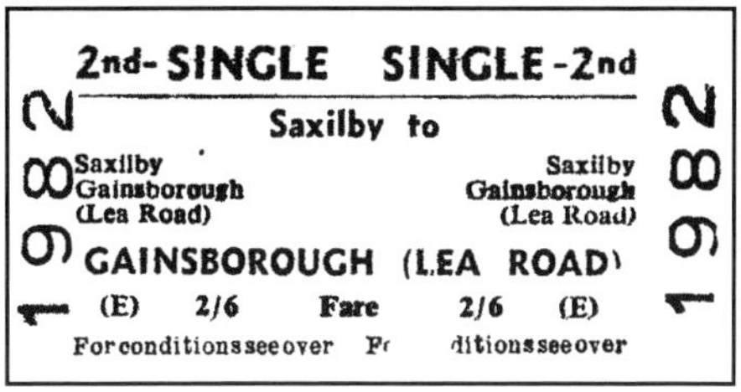

# East Holmes

13. Reference to the left part of map III will show the location of the Swing Bridge and the GNR Engine Shed, which are featured here. Centre is the building containing the wheel drop. All the lines on the right continue to West Holmes. The first small turntable was just beyond the water tower. (R.Humm coll.)

14. We can enjoy the reflection of no. 1193 as it runs onto the structure on 14th July 1947. It is a class B1 4-6-0. On the right is the LNER Grain Warehouse and the cathedral is evident again. Its grounds contain the statue of Lord Tennyson, who commented on railways on occasions. (H.C.Casserley)

15. A panorama from May 2002 shows the ex-GNR shed in ruins (centre) and the ex-GCR goods shed on the left. Lower right is the ex-GNR signal box of 1873. It had 35 levers and was in use until 19th July 2008, by which time it was a listed building. The Signalling Centre was opened then and was built at West Holmes. (Milepost 92½)

16. No. 60096 is heading the 12.16 Rectory Junction (Nottingham) to Lindsey (Immingham). It is crossing Brayford Wharf East on 23rd September 2016, with empty oil tanks. No. 60096 was built by Brush of Loughborough in May 1992 and was originally named *Ben Macdui*. It was sold by DB Railways to Colas Rail in June 2014. The loco was overhauled and painted in Colas Rail livery before being handed over to them. (R.Geach)

17. No. 156414 is running in from Nottingham four weeks before the box closed. Pleasure boats had increased from about 1400 in 1965 to 3400 in 1970. Commercial craft ceased to operate in 1972, the final commodity being grain. Here, we see the River Witham. (J.Whitehouse)

# Lincoln Engine Shed

18. The other end of the massive shed seen in picture 13 is shown here on 14th July 1947. The engines are numbered 2903, 1492, 7381 and 2902. There had been an allocation of 64 locomotives here in 1950 and 51 in 1959. (H.C.Casserley)

19. Inside on the same day is no. 1496 *Valour*, with the photographer's case deforming its steps, for a joke presumably. The shed code had been 40A from 1949 until its closure in January 1964. The remaining engines went to Retford. This loco had been GCR class 9P no. 1165. (H.C.Casserley)

20. Passing the shed in misty conditions on 27th June 1958 is the Royal Train, with more lamps showing than any other. Leading is 4-6-0 class B1 no. 61258 with no. 61124 behind it. Piloting and heading were the official terms. (R.Heppinstall)

21. Leaving Lincoln on 17th March 1993 is DMU no. T058 running empty. Evident is the large extent of West Yard and the two Holmes Yards. East Yard had wharfage for canal boats at its northern border. (M.J.Stretton)

## West Holmes Junction

22. Passing the 1907 GNR box on 21st June 2008 is no. 66184 with a Scunthorpe-Dollands Moor Steel train. The box had 69 levers, plus a panel from 1988. Closure came on 19th July 2008, when the Signalling Centre came into use here. (J.Whitehouse)

# Pyewipe Junction

23. The shed was opened during 1908, but the exact date was not recorded. It was a GER creation and is seen when new. In the foreground is the 55ft turntable and one of the two levers to push it round. This was mainly a servicing centre and was in use until about 1948. GER no. 1875 was class D16 and became LNER no. 8875 and later no. 2526. (J.Alsop coll.)

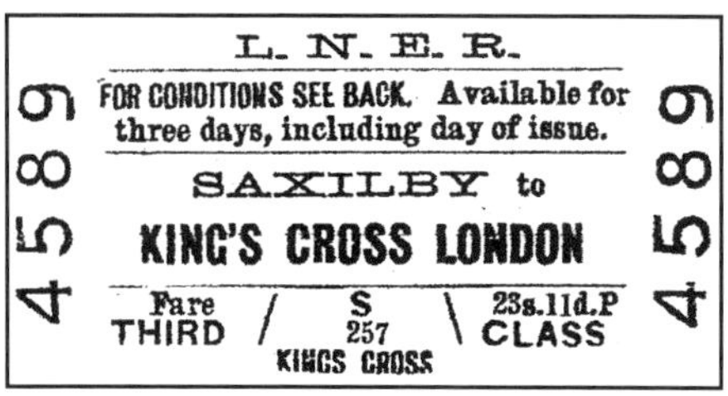


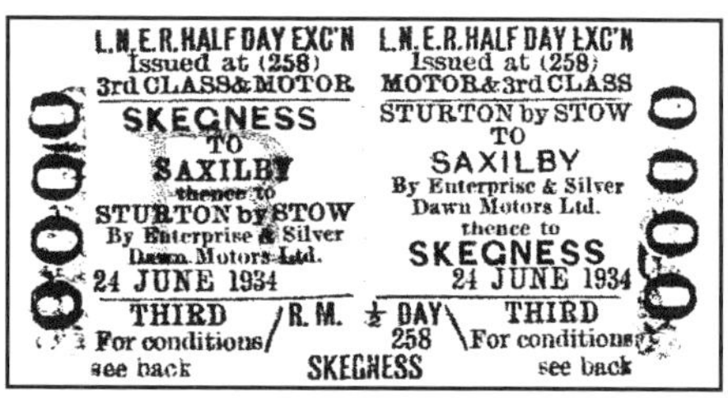

24. Pyewipe Junction Box is seen on 19th April 1947. It was built by the GNR in 1896 and its 77-lever frame was in use until closure on 29th January 1984. On the left is no. 8553, a class J69 0-6-0T. The shed had an allocation of 12 engines in 1923. (H.C.Casserley)

25. The staff complained about having to work in the open at this windswept location. Some minimal protection eventually came. Seen on the same day is no. 4396, a class J11 0-6-0. (H.C.Casserley)

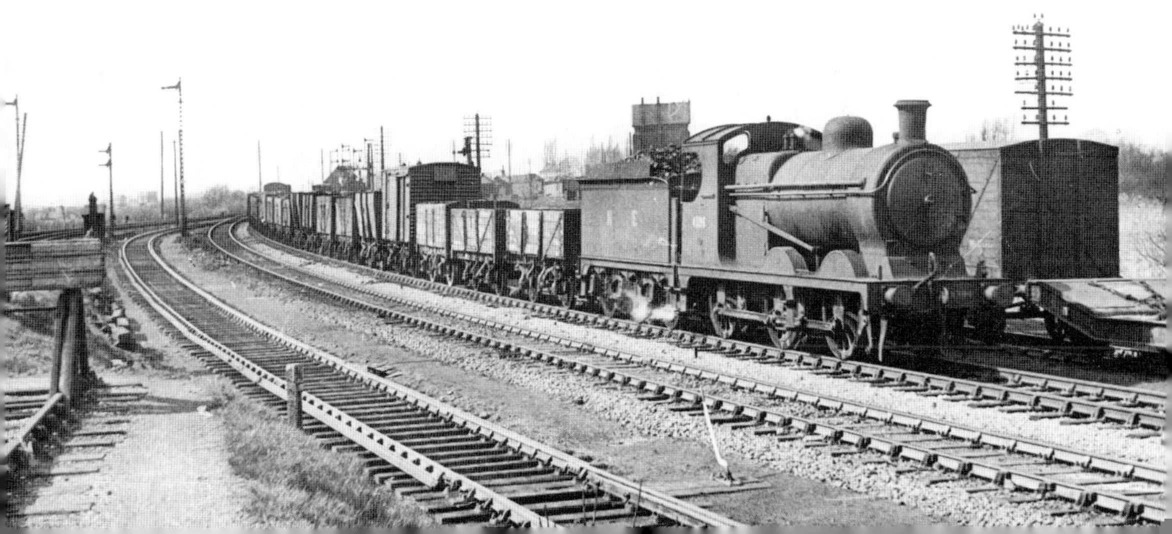

26. Coming off the Avoiding Line on 20th July 1957 is class K3 2-6-0 no. 61873. This type was built in 1920-37. It is hauling an excursion; it was a rare occurrence to find a passenger train on that line. Pyewipe was the Lincolnshire name for a plover. The Pyewipe Inn is adjacent to the flood bank of the Fossdyke Canal. The first station north of here was Skellingthorpe, but it was only open in 1865-68. The signal box at Kesteven Sidings carried that name until 1897. There was a private siding here for manure traffic. The box had 20 levers and closed on 18th November 1984. There had also been boxes further south called Rowland's Sidings and Fossdyke. (R.Heppinstall)

27. Recorded on the same day was the water tank. Water was pumped from the Fossdyke Navigation. Shed employees had to cross this by boat, which could be called by hitting a bell. No. 61143 was a class B1 4-6-0. (R.Heppinstall)

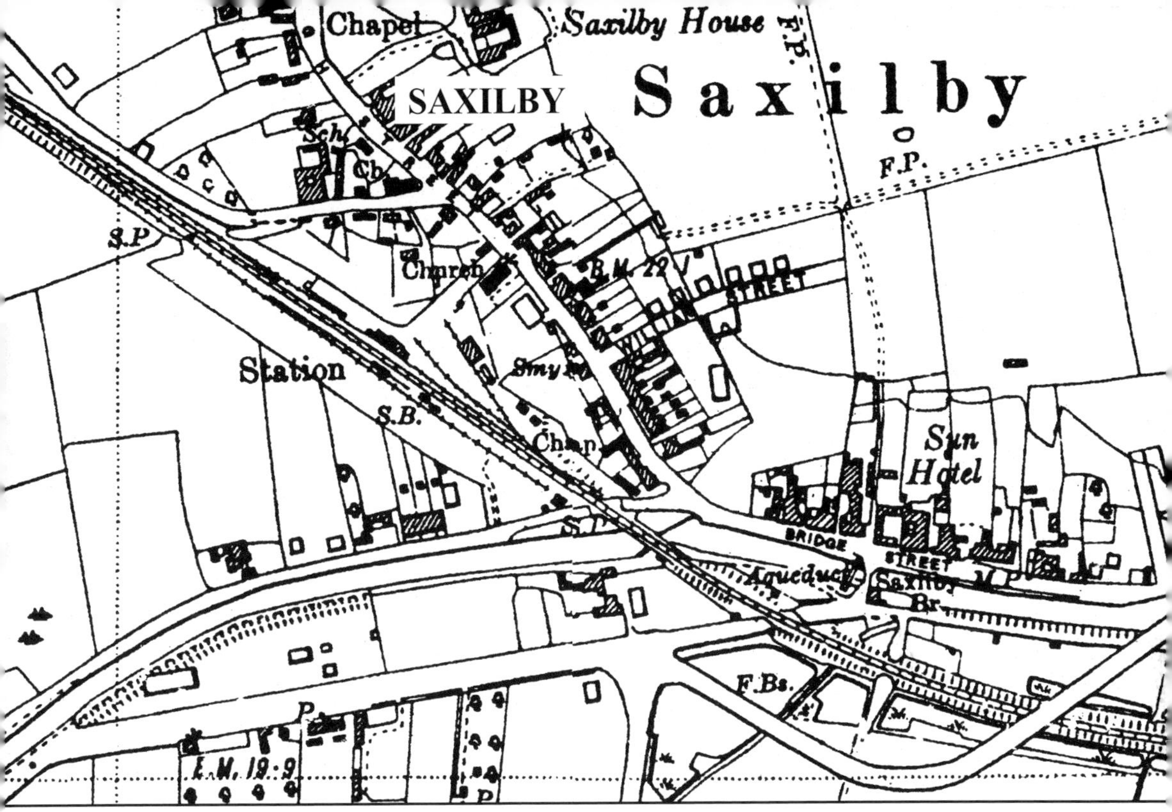


V. The Fossdyke Canal or Navigation runs across this 1938 revision, which is at 12ins to 1 mile. The dwellings in Bridge Street had fine views of canal traffic, which included ships with large square sails, in the early days.

28. The name used was Saxelby for the first two years. The GNR built the station, hence its large notice board. The tall chimney pots suggest the need for extra draughts in this area. (LOSA)

29. The track layout allowed access to the goods yard from the line on the right. This was to avoid the need for a facing point on the running line. It was a common practice by the 20th century. (LOSA)

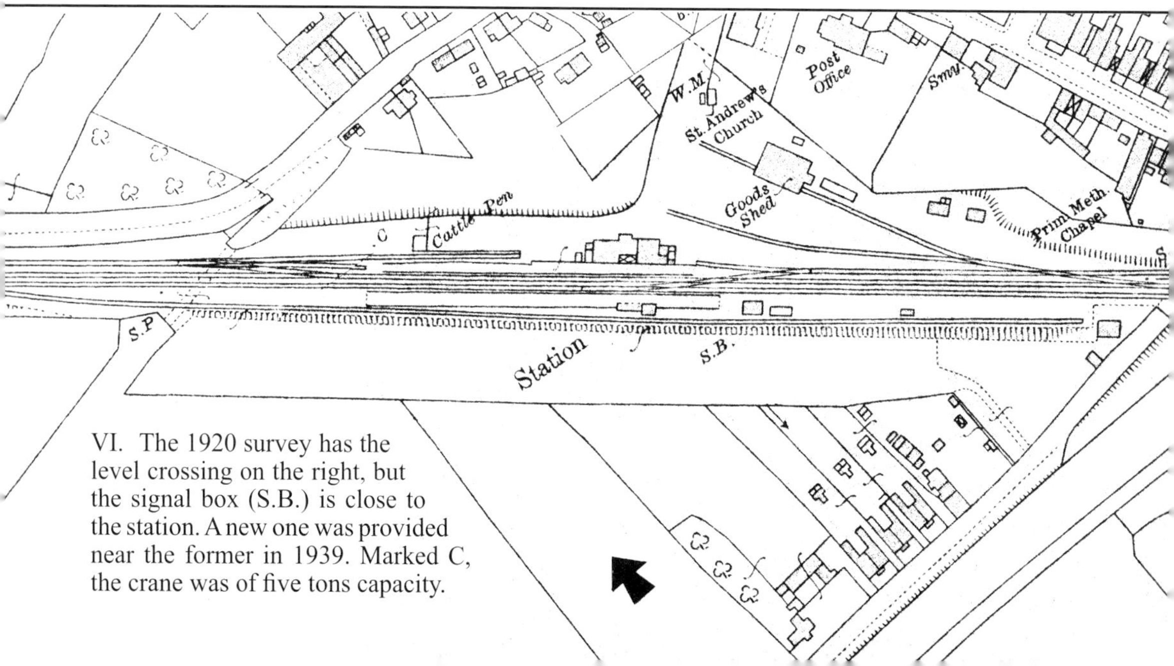


VI. The 1920 survey has the level crossing on the right, but the signal box (S.B.) is close to the station. A new one was provided near the former in 1939. Marked C, the crane was of five tons capacity.

30. The extensive goods yard was photographed in July 1953. It was closed on 5th July 1965. The siding on the left was used for stabling goods trains. (D.A.Thompson/N.Catford)

31. It is 30th July 1959 and ex-WD 2-8-0 no. 90586 is working mixed freight towards Lincoln. Passengers had the use of the crossing in the foreground, but it was no longer under the supervision of station staff. (Milepost 92½)

32. The station became unstaffed on 29th June 1969. It is seen on 9th May 1964 from the 2.43pm Lincoln to Sheffield Victoria. The grain store on the left is standing on staddle stones, which are mushroom-shaped to prevent rodents gaining entry. (J.Langford)

33. This is the 1939 box, which was the third at Saxilby. It had 30 levers and was in use until 21st December 2013. On the right is one of two wicket gates, which allowed pedestrians to cross after the main gates had been closed across the road. They were locked by a lever, as appropriate. The box was demolished in 2014. On the tower is a flood warning siren. (R.Humm coll.)

34. No. 144002 is about to stop on 7th December 2013, while working from Doncaster to Lincoln. The building accommodated a home and office, by then. A step-free footbridge opened in the following Summer. Passengers numbered 47,926 in 2004-05 and 59,032 in 2011-12. (J.Whitehouse)

## NORTH OF SAXILBY

35. Sykes Junction was where the GCR and the GN&GE Joint lines diverged. The GNR opened this box in 1885. It had 18 levers and functioned until 18th September 1988. It was photographed a month later. (R.Humm)

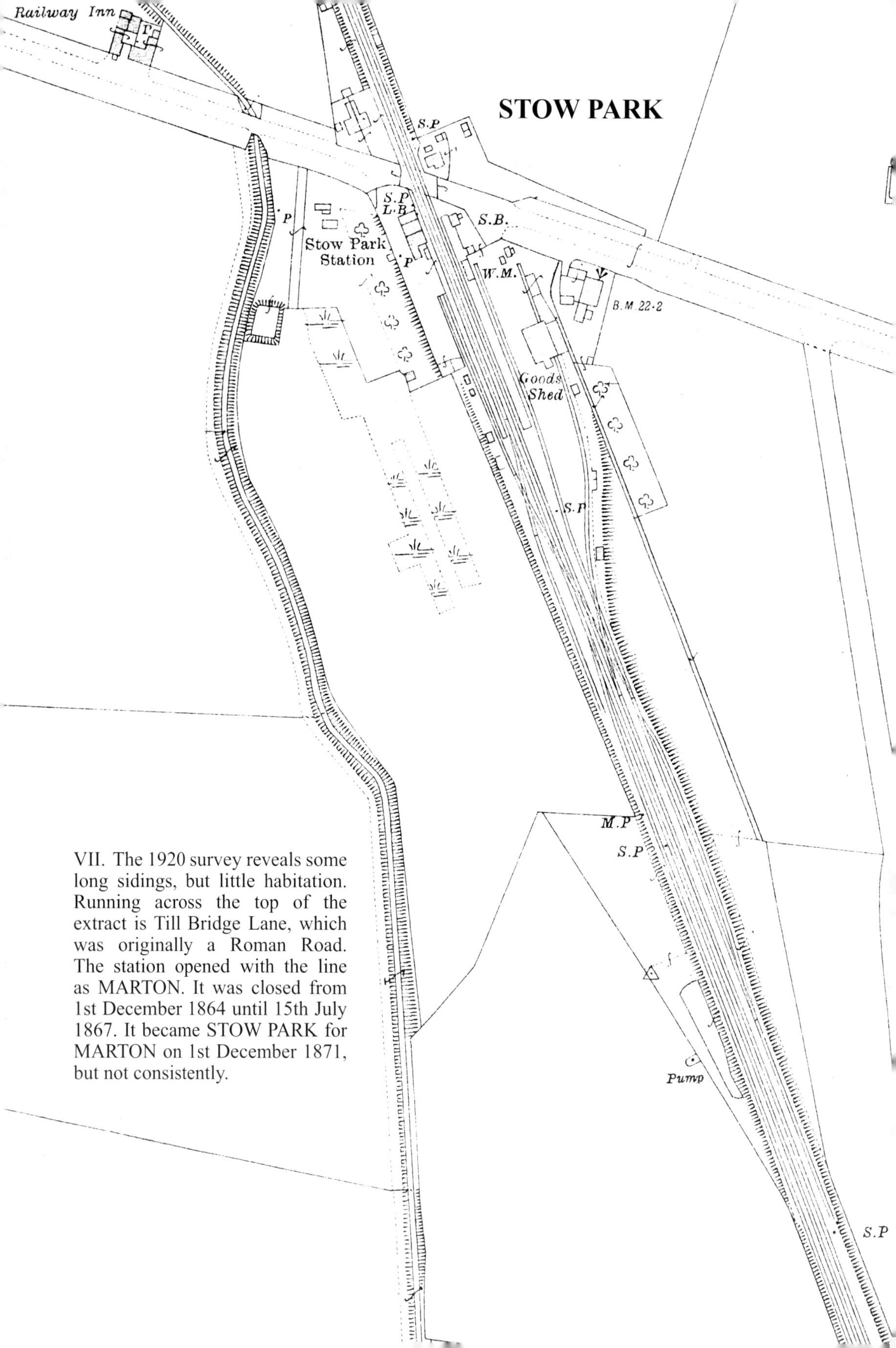


VII. The 1920 survey reveals some long sidings, but little habitation. Running across the top of the extract is Till Bridge Lane, which was originally a Roman Road. The station opened with the line as MARTON. It was closed from 1st December 1864 until 15th July 1867. It became STOW PARK for MARTON on 1st December 1871, but not consistently.

36. An indifferent postcard shows that the level crossing has to be used to cross between platforms. The signal box came into use in 1876 and was fitted with a 32-lever frame. The goods shed had a 30-cwt capacity crane. (P.Laming coll.)

37. Class K3 2-6-0 no. 61822 is running south in the 1950s. The locomotive weighed 72 tons. Passenger service ceased here on 11th September 1961. (W.A.Camwell/SLS)

38. The curved roof on the left indicates a retired van in use as a parcel shed. The pitched roof on the right is on the weighing machine office. This would record the weight of road vehicles entering and leaving the yard and, thus, the weight of the goods for transport charges. The goods yard closed on 25th May 1964. (R.Humm coll.)

39. The box was photographed on 4th June 2013, when it still retained its ornate barge boards. It became a listed structure and was closed on 21st December 2013. The Portakabin at Sykes Lane closed the same day and all the gates were replaced by lifting barriers. (R.Geach)

# NORTH OF STOW PARK

40. No. 66012 heads a West Burton Power Station to Immingham set of empty coal wagons, routed via Lincoln. It is seen approaching the Stow Park distant signal from the high minor road bridge near Gate Burton on 28th February 2013. At this time, West Burton Power Station was taking a regular supply of imported coal from Immingham Docks. (R.Geach)

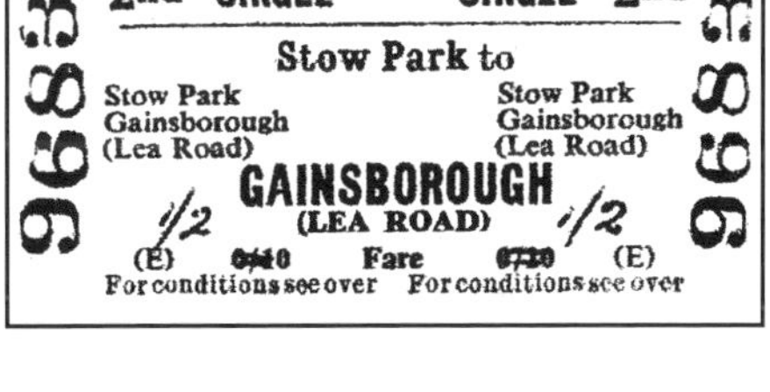

# LEA

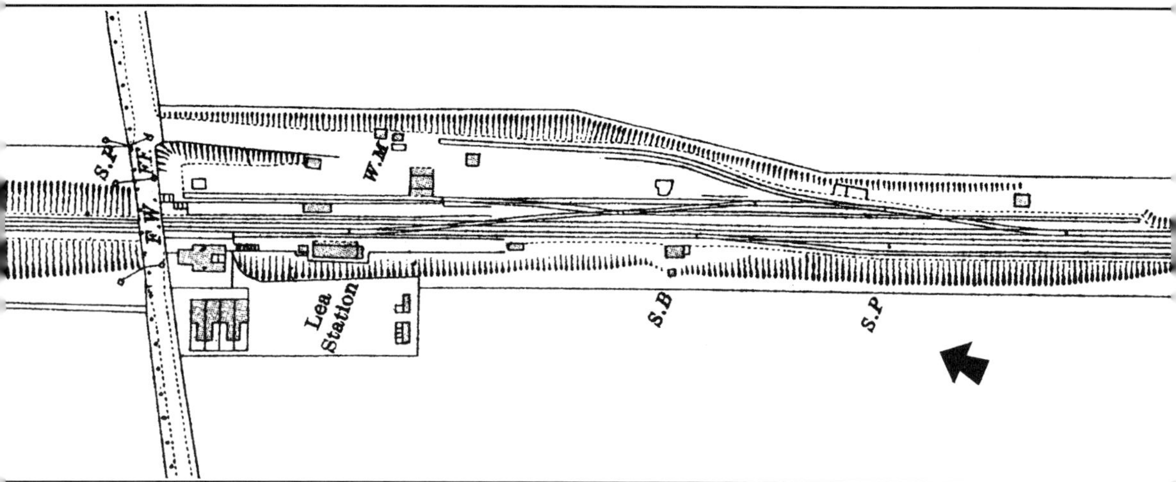


VIII. The 1910 edition shows all buildings to be on railway property. Like Stow Park, the station was closed in 1864-67. It was almost one mile west of the Park and one mile east of Marton village. There were private sidings to the north and one to the south for many years.

41. Two photographs record the entire station by looking in opposite directions. The hut at the end of a platform was usually the lamp room, where weekly oil filling and wick trimming took place, both for station and signal lamps. (J.Alsop coll.)

42. The white patch on the platform edge was to indicate the foot hole position to staff crossing the track in the dark. The oil lamps were of little value there. Closure to passengers was on 6th August 1957 and goods traffic ceased on 1st January 1963. (J.Alsop coll.)

43. The 1871 GNR signal box had a 24-lever frame, which was in use until 3rd January 1971. The hut at the top of the stairs contained a toilet, which was for the convenience of the signalmen. (M.A.King/N.Catford)

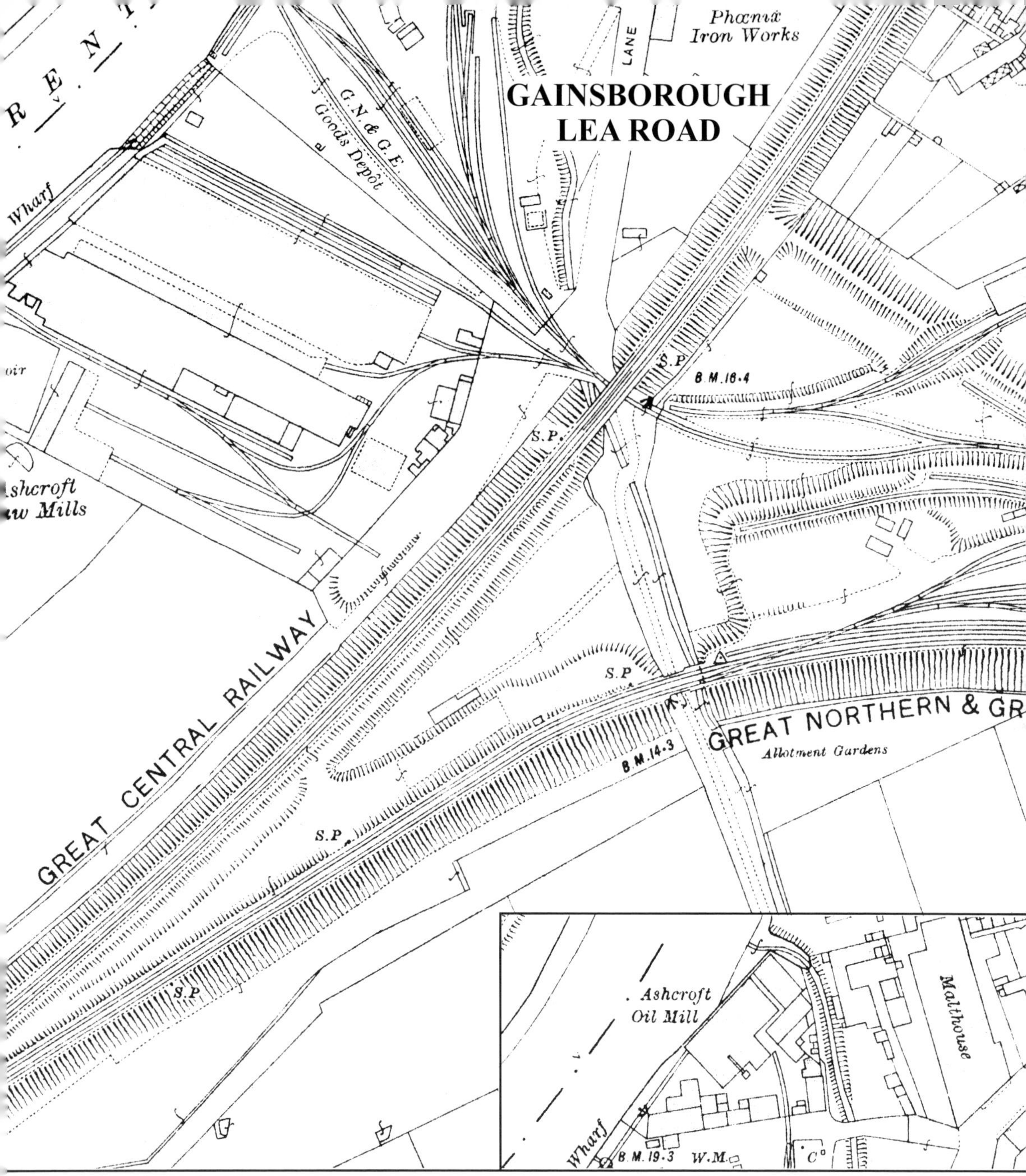


IX. We arrive at the lower right corner of this 1921 map. Trains from Barnetby and Gainsborough Central used the route at the top of the left page. Some of the wharf sidings have been inset at the bottom of the page, so that they can all reach the river at this inland port. The wharf lines were used from 1871, but declined from 1900. There were still three coal merchants listed with sidings on the wharf in 1938. The town always had immense importance and was once a capital city in Mercia. Although 55 miles inland, it had a great maritime traffic, from which the railways benefitted. Several important manufacturers grew here. Marshalls began making boilers in 1848 and became noted for traction engines and steam rollers. Rose Brothers became famous in 1893, when they began →

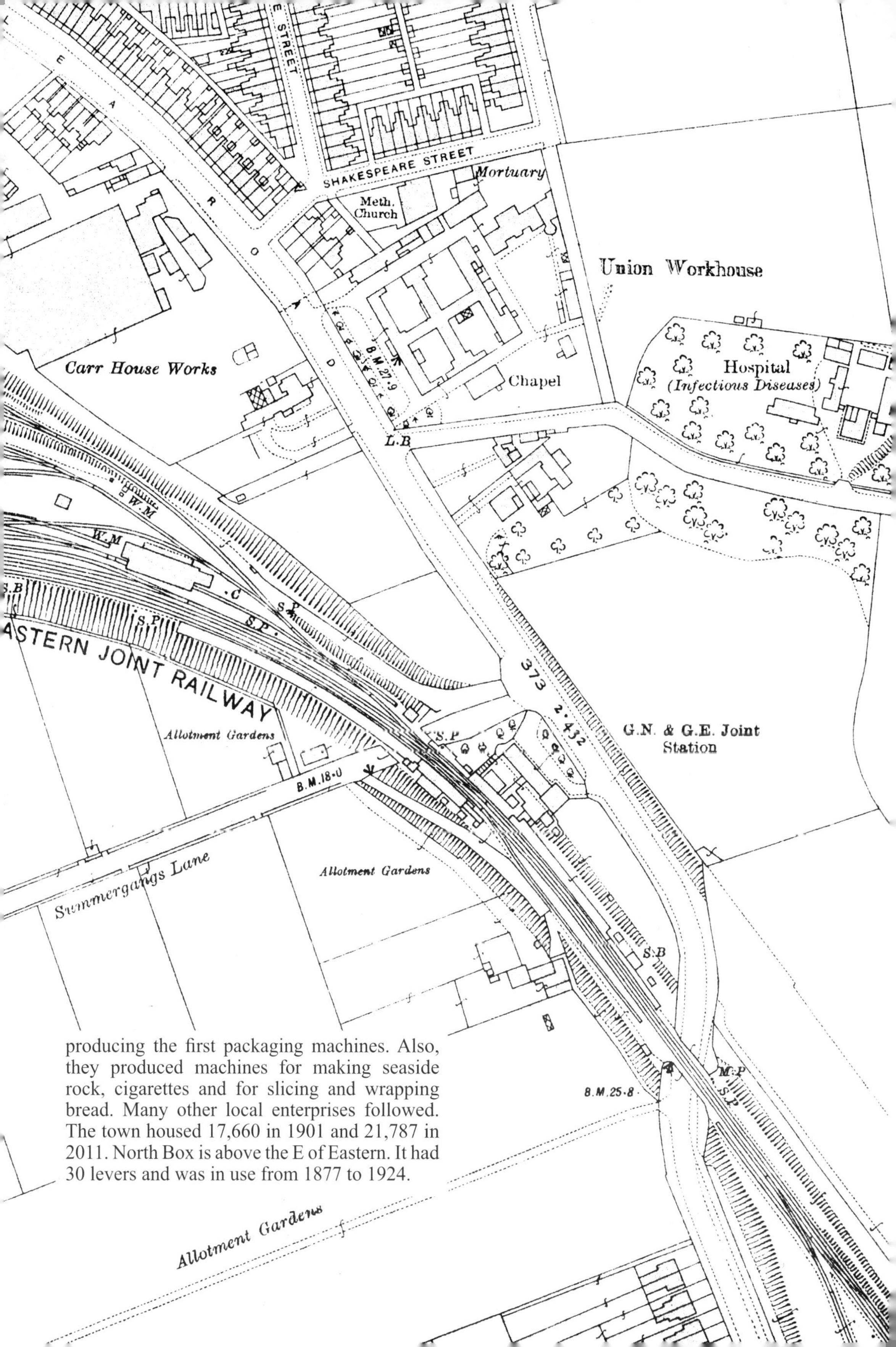


producing the first packaging machines. Also, they produced machines for making seaside rock, cigarettes and for slicing and wrapping bread. Many other local enterprises followed. The town housed 17,660 in 1901 and 21,787 in 2011. North Box is above the E of Eastern. It had 30 levers and was in use from 1877 to 1924.

44. The prestigious prospect for prospective passengers was graced with great gateways. Both were adjacent to Lea Road and this is the southern one. The gable end of the goods shed is on the right. (P.Laming coll.)

45. The northern gate is near the car and the roadway branching to the right climbed to the gates of the goods yard. The two buildings on the right are at platform level, their ventilator pipes also being evident in the next picture. (P.Laming coll.)

46. This northward view reveals the purpose of the nearest ventilator and that the station had received the correct suffix. The sloping roof behind the nameboard's right post is over the stairs from the subway. The box on the right is the body of a wicker mailbag trolley. (LOSA)

47. This is a panorama of the Wharf Yard from 9th May 1933 and it features LNER class J11 no. 5324 at work. The war that was soon to follow brought only two air raids to result in deaths. The total was 10, with no damage to the railway here. (Milepost 92½)

48. A few years after the war, we see a parcel train arriving to collect local products and passenger luggage. The former were charged at a higher rate than going on goods trains, which were much slower. No. 61861 was a 2-6-0, classified K3. The goods shed is to the left of the camera, out of view. (W.A.Camwell/SLS)

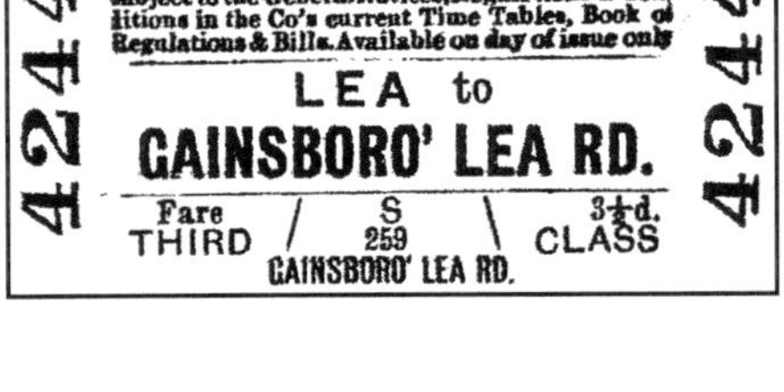


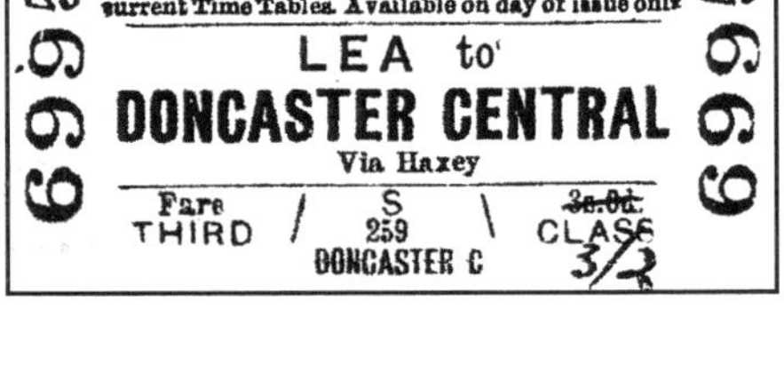

49. The approach to the goods yard is seen in July 1953. It was closed on 1st April 1967, but only handled coal after 4th July 1966. On the left is the massive water tank, which had earlier supplied the station and locomotives. (D.A.Thompson/N.Catford)

50. The goods yard had a 10-ton crane, marked C. on the map, but not visible here. It is near the goods office in picture 46. The goods shed is housing a road vehicle on this misty day in about 1970. (N.Catford coll.)

51. The station was built in 1866-67, at the time of the doubling of the route from Lincoln. This view is from 29th March 1975 and allows examination of the modern electrical lighting system, together with a former ground signal elevated to a new position to improve sighting. (R.Humm)

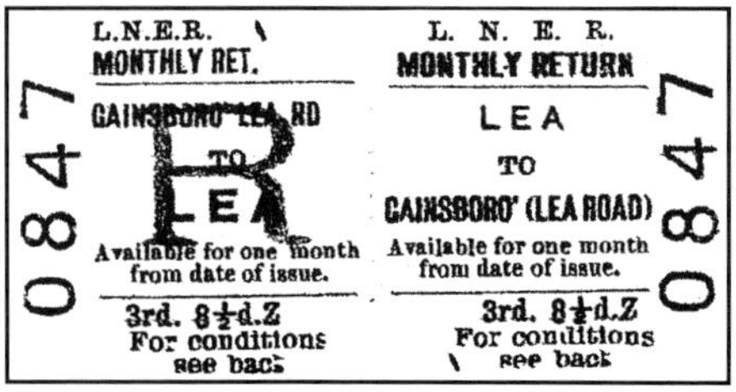


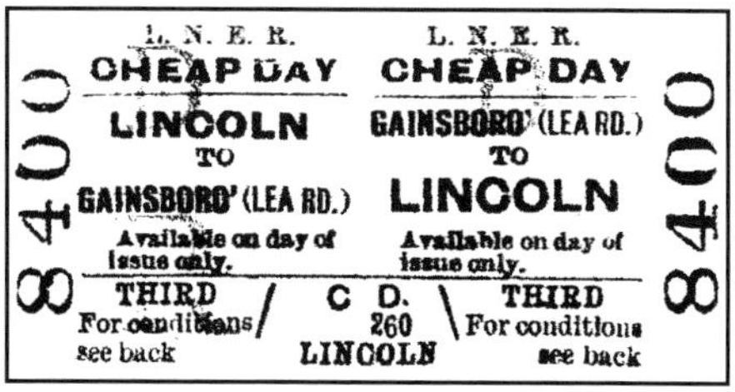

52. We have an undated view south featuring the steelwork of the bridge over Lea Road and the 1895 GNR signal box. It was taken out of regular use in 2008. Its 35-lever frame was put out of action by a fire on 11th February 2009. (N.Catford coll.)

53. Class 101 DMU cars nos E54364 and E51217 depart with a Lincoln-bound train on 11th April 1984. The box was originally known as Gainsborough South; it became partly hidden from view when the wall-backed platform was extended southwards. The signalling on this stretch of line has been controlled from Lincoln since 2nd January 2014. (P.D.Shannon)

54. The town gained its own oil well in 1959 and eventually part of the goods yard housed a crude oil loading terminal for British Petroleum. No. 47029 shunts 100-tonne tanks in the terminal on 12th April 1984, before working the 10.20 departure to Llandarcy (South Wales) refinery. At that time, East Midlands oil was also loaded on to rail at Tuxford. Both Gainsborough and Tuxford loading points were redundant by the late 1980s; they were, however, outlived by a third loading point at Welton, which opened in 1985. (P.D.Shannon)

55. We extend our visit with two views from 30th November 2006. With Northern Spirit livery, no. 156480 works the 10.27 Lincoln to Adwick service. The sharp curve was the result of the need to combine two routes onto one bridge to cross the River Trent. The subway steps' roof is clear in this shot. (A.C.Hartless)

56. The splendid frontage had mostly yellow bricks, but all the arches were made with rich red ones. The tall part became a dwelling and the single storey section was used by Gainsborough Home & Garden. (A.C.Hartless)

57. No. 66090 hauls the 13.11 Wolverhampton steel terminal to Immingham at 19.40 on 1st July 2013. It was diverted due to the spoil tip at Hatfield Colliery having slipped. The sidings on the right were by then out of use, but were the ones once used by oil trains. Passengers numbered 150,154 in 2012. (R.Geach)

# WEST OF GAINSBOROUGH

X. The 1947 edition is shown at 2ins to 1 mile with Lea and Lea Road lower right. Our journey continues upper left. Upper right is a rectangle representing Gainsborough Central, which acquired its suffix on 1st July 1923. It is on the line from Barnetby to Retford, which had been GCR from 1897 to 1923.

58. West of the bridge over the River Trent is Trent Junction. This is the ex-GCR 40-lever box of 1913, which was in use until 11th October 1964. Prior to 1913, there had been East Trent and West Trent boxes. The river was still used by large gravel barges in 2016. (Milepost 92½)

59. The signal box in the previous picture was replaced by this standard BR one, which also housed 40 levers. The box seen was still open in 2017. (Milepost 92½)

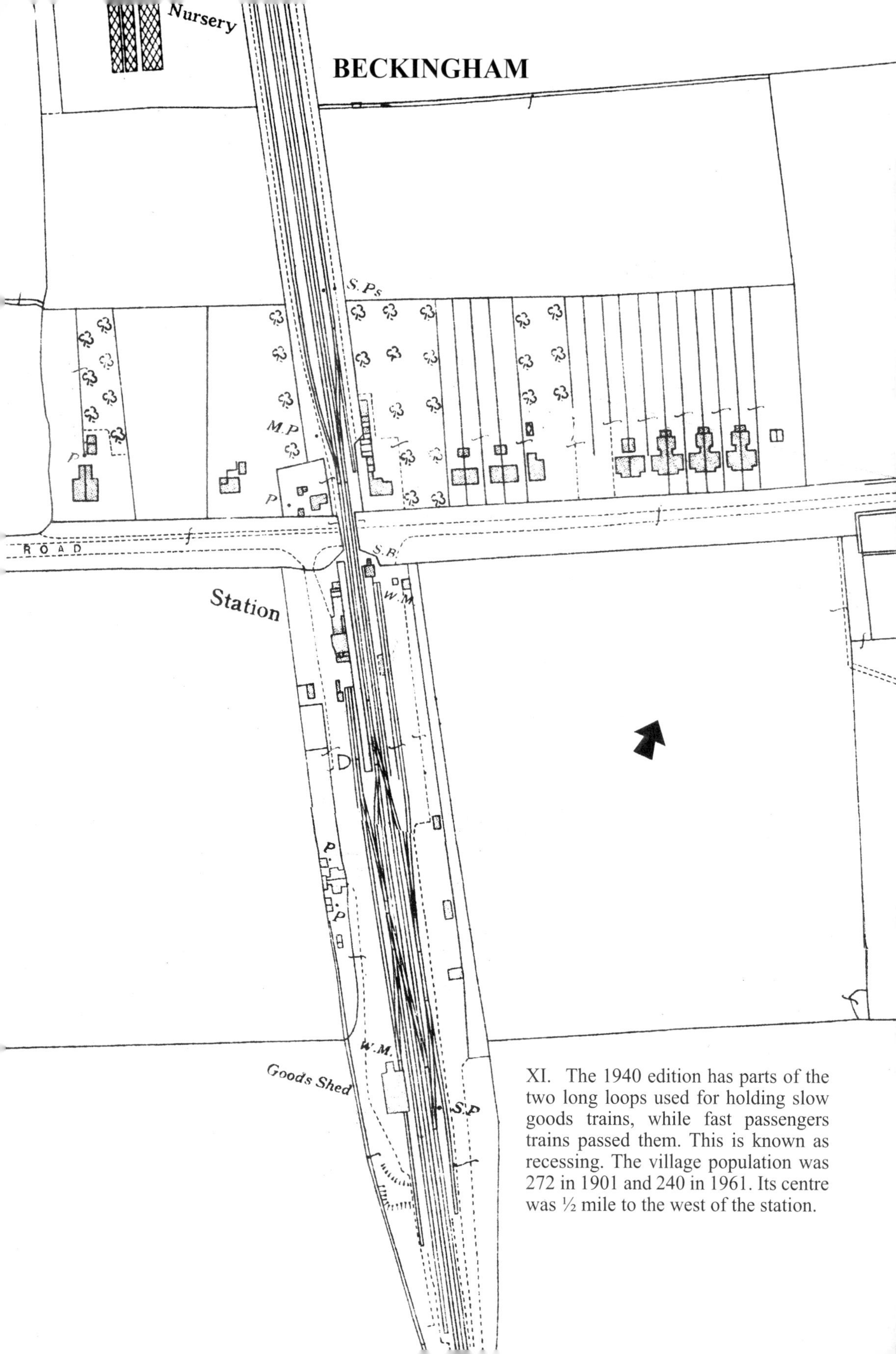


XI. The 1940 edition has parts of the two long loops used for holding slow goods trains, while fast passengers trains passed them. This is known as recessing. The village population was 272 in 1901 and 240 in 1961. Its centre was ½ mile to the west of the station.

60. The postcard view predates the passing loops, as evidenced by the double acting signal post, which has one arm for each direction. The point on the left is for access to the up siding, which was used mainly for incoming coal traffic. (P.Laming coll.)

61. The left signal arm is for the recess loop. The post-1948 view includes the 1876 signal box, which had a 40-lever frame in its later years. It was replaced by a panel in 1977, when colour light signalling was introduced. Ex-WD 2-8-0 no. 90696 approaches us. (D.Rokeby/R.Humm)

62. We look south on 18th May 1967. The station had lost its passenger service on 2nd November 1959 and goods traffic ceased on 19th August 1963. In the distance is the goods shed. It was fitted with a 30cwt crane. (B.W.L.Brooksbank)

63. It is 9th December 2006 and EWS Railways no. 66003 heads the Rail Head Treatment Train south of Beckingham. It is seen from the main A631 road bridge, looking north. This is the water jet train, which operates from late September to December, in the leaf fall season, and is used to pressure jet clean the rail head. This working was the return trip from Doncaster to Peterborough via Lincoln and Sleaford. Based at Peterborough, the train had made an outward journey to Doncaster earlier that day. Beckingham signal box can be seen in the distance, while the signal with route indicator for Beckingham down loop is prominent. (R.Geach)

64. Freightliner Heavy Haul class 66 locomotive no. 66550 is passing the old goods shed with an Immingham to Ferrybridge imported coal service; diverted, as the main route via Scunthorpe was shut for engineering work, on 3rd February 2010. West Burton Power Station cooling towers are in the background. The train is heading north, having passed Gainsborough Trent Junction, and is about to pass the signal box. (R.Geach)

65. The ex-GNR signal box appeared to be in fine condition on 1st July 2013. The barriers are not evident, but they were still in use, together with the box, in 2017. (R.Geach)

# NORTH OF BECKINGHAM

66. Freightliner Heavy Haul no. 66555 is working a Ferrybridge to Immingham set of empty coal wagons and is passing Beckingham loops on 26th June 2013. The direct route via Scunthorpe was shut at this time, so all freight services for Immingham were diverted to run either via Brigg or Lincoln. (R.Geach)

67. No. 60040 is with the 15.37 Jarrow to Lindsey empty oil tanks in the loop at Beckingham, late in the evening of 1st July 2013. It was diverted via Brigg due to the booked route via Scunthorpe being shut, because the mine tip at Hatfield had moved. No. 60040 was named *Brecon Beacons* on 6th February 1992, but it lost this name in July 1996. (R.Geach)

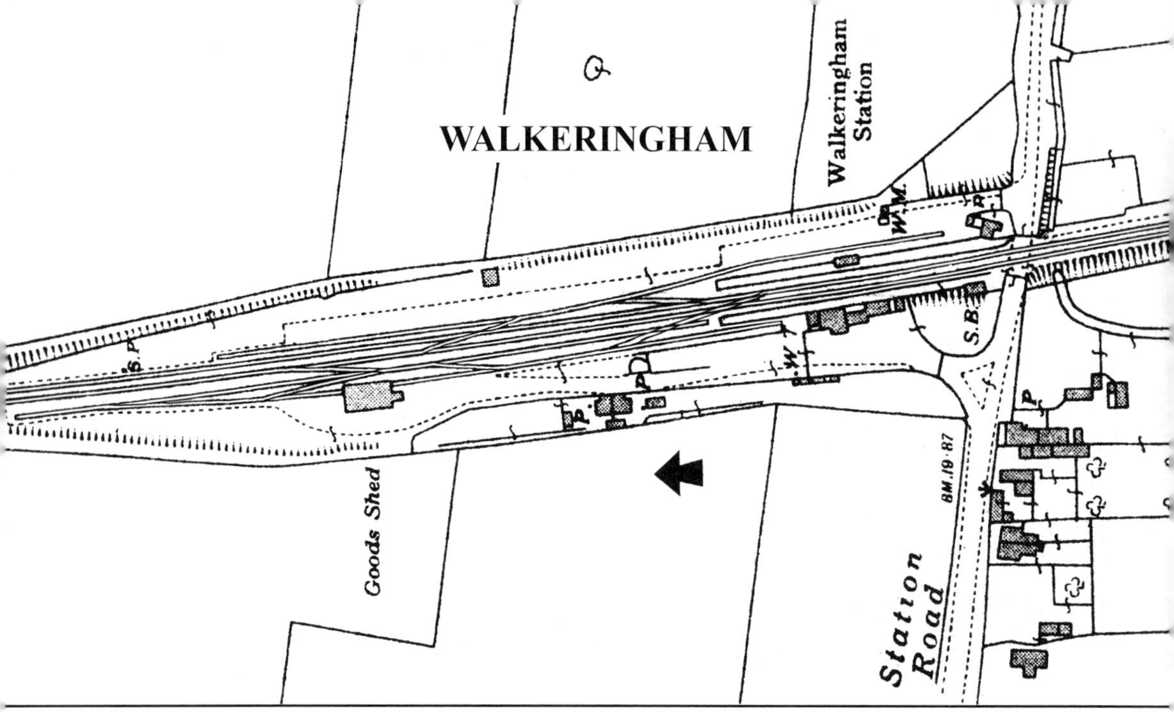


XII. The map is from 1939 and freight provisions are similar to those offered at Beckingham. That was not the only similarity; the village of Walkeringham was also ½ mile west of the station. In both cases, the former was on higher ground than the latter. W indicates a well. There were 718 souls in the village in 1901.

68. A northward panorama from a postcard shows all the buildings in about 1905. The signal box was completed in 1876. It had 35 levers and lasted until 8th December 1964. North of here was once a private siding for Newell & Co. It specialised in rotary kilns for the cement industry worldwide. Its works here closed in 2002. (J.Alsop coll.)

69. A closer view, from July 1953, shows a station that had staff who were once keen gardeners. Trains called until 2nd February 1959 and goods traffic continued until 19th August 1963. There was a 30cwt crane in the shed. In the background is a bridge for the farmer. (D.A.Thompson/N.Catford)

70. No. 66207 is working the diverted Scunthorpe to Eastleigh long welded rail train and it heads past the former station in 2013. The farm accommodation bridge, from which this picture was taken, has since been demolished in order to provide better clearance for higher containers. The station house and former goods yard buildings have been converted into private dwellings. W indicates Whistle. Between Walkeringham and Misterton, four sidings were provided for the British Pipeline Agency. It was formed in 1969 and, by 2016, had produced over 1000km of oil pipes and many terminals. The sidings were lifted that year. (R.Geach)

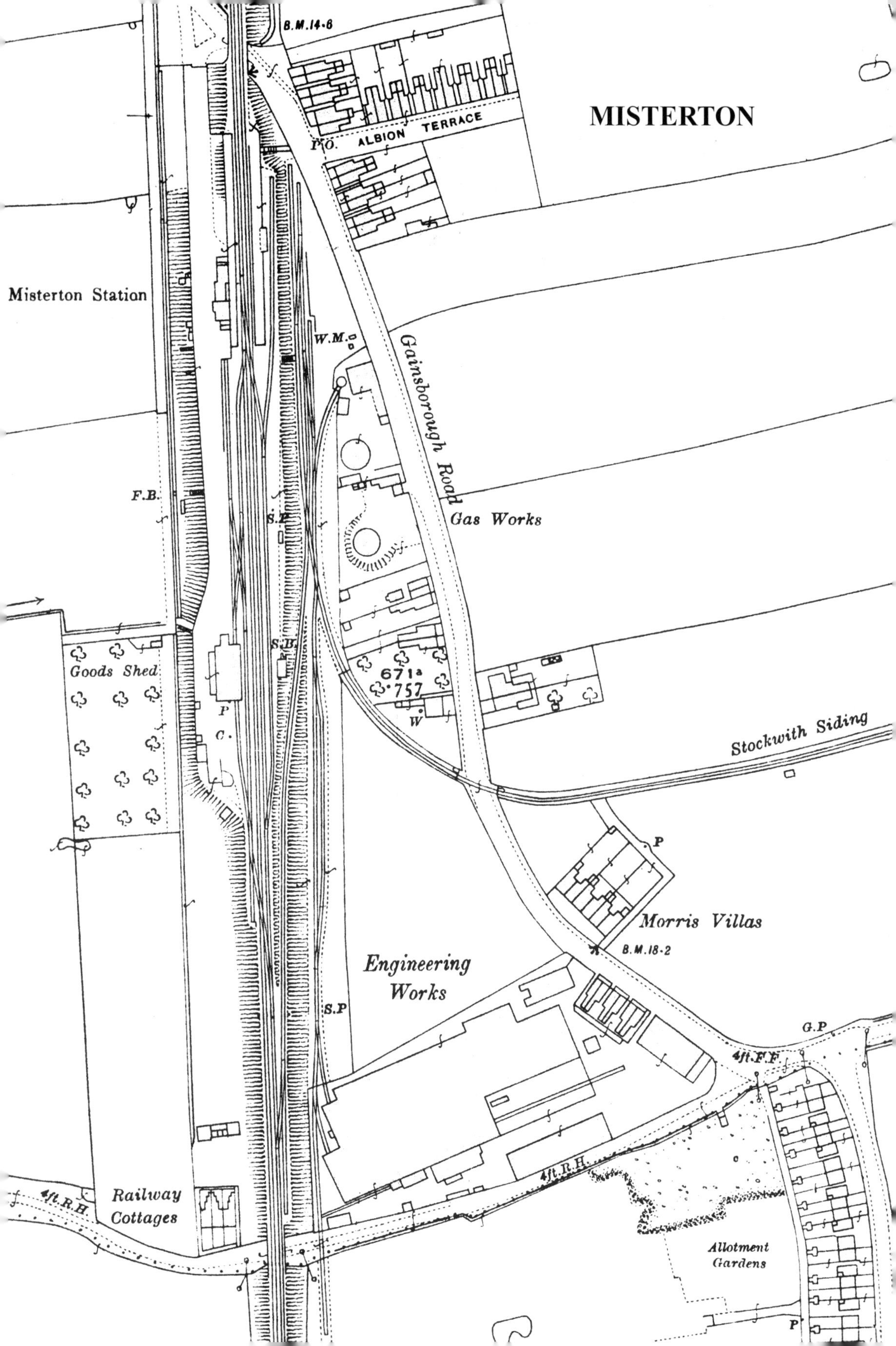

MISTERTON
B.M.14·6
P.O.
ALBION TERRACE
Misterton Station
W.M.
Gainsborough Road
F.B.
S.P
Gas Works
S.B.
Goods Shed
671a
·757
W
P
C.
Stockwith Siding
P
Morris Villas
B.M.18·2
Engineering Works
S.P
G.P
4ft.F.F.
4ft.R.H.
Railway Cottages
4ft.R.H.
Allotment Gardens
P

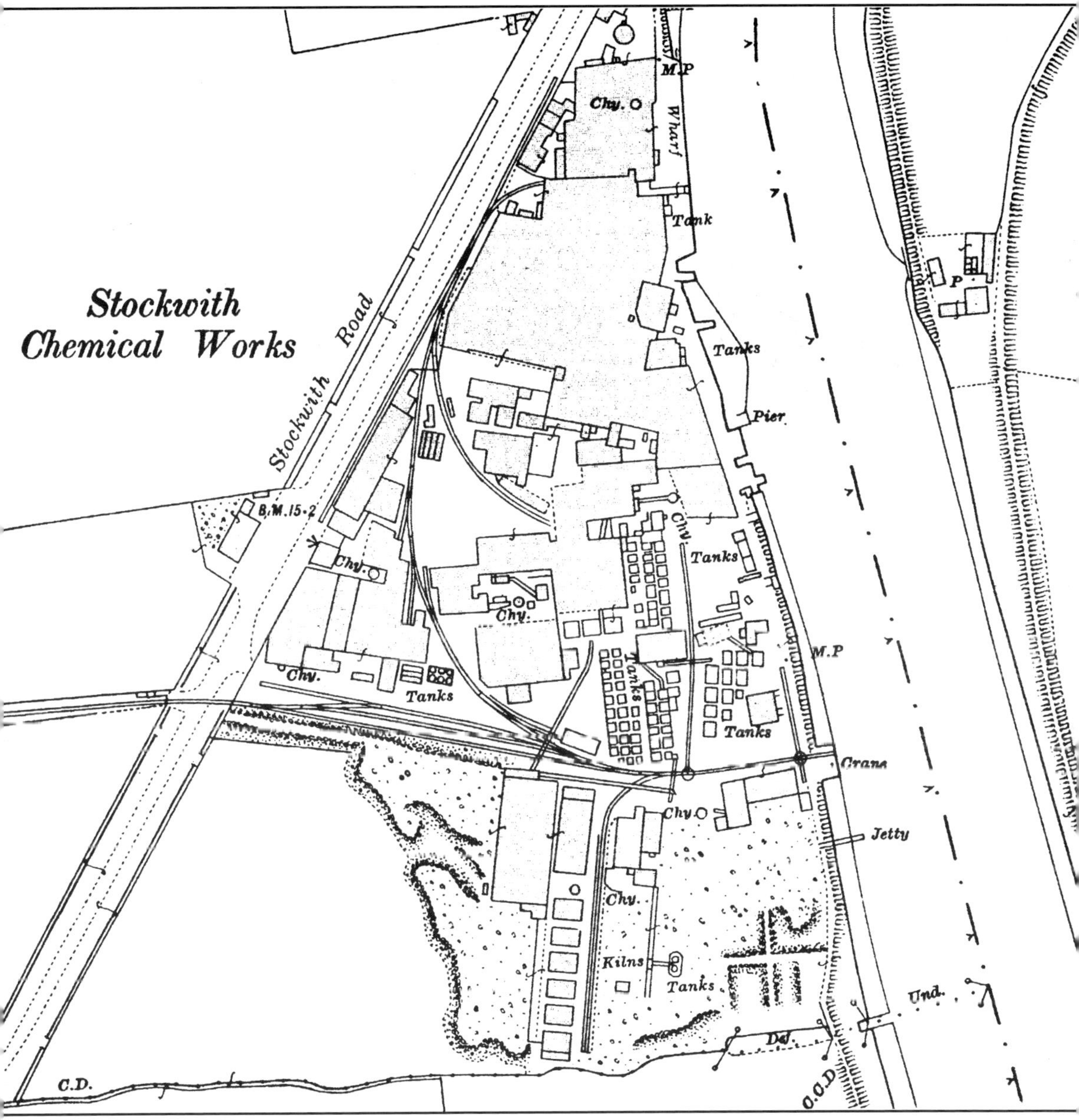


XIII. The 1920 edition has the station top left on the left page. The village centre was almost a mile to the northwest. Later, two more sidings were laid above and to the right of the words 'Engineering Works'. In 1938, this was that of Morris, Little & Son Ltd, noted for sheep dips. The company was registered in 1895 and sold in 1927. Often known as Stockwith Goods Branch, the line was open from 1881 to about 1950. On the right of the right page is the River Trent, into which ran the Chesterfield Canal, just beyond the upper border.

71. With such extensive sidings, it would have been expedient to have such resident shunting facilities. All wagons then had hand brakes, making their individual control easy. The stable may be one of the small buildings shown near the goods shed. (LOSA)

72. The grass triangle near the bicycle is shown top left on the map. The gates mark the commencement of railway property. One gas lamp sufficed for illumination. It would be operated by station staff; lamp clocks were usually only used in urban areas. (P.Laming coll.)

73. A view from 22nd September 1956 includes a young observer, the down starting signal, a 405 line TV aerial and the crossover, with trailing points. The bricks varied in their ability to attract lichen. (H.B.Priestley/R.Humm)

74. Behind the camera were steps up to the platform from Gainsborough Road and beyond the nameboard was the gas works. The population rose from 1443 in 1901 to 1529 in 1961. (D.A.Thompson/R.Humm)

75. The Stockwith Siding curved on a down gradient away from the station between the signal box and the houses. The box opened in 1876 and had a 35-lever frame; closure came on 5th December 1977. (D.Butterfield/R.Humm)

76. The station closed to passengers on 11th September 1961, but general goods traffic lingered until 6th January 1969. The substantial goods shed was still standing and in good repair when photographed on 23rd July 2005. (P.D.Shannon)

# NORTH OF MISTERTON

77. GB Railfreight locomotive no. 66717 is running light engine from Immingham to Doncaster and is passing North Carr crossing. It is situated on a minor road north of Misterton leading to West Stockwith. Seen on 2nd March 2013, the crossing was manned by an attendant, but at this time normally open from 06.00 to 22.00. (R.Geach)

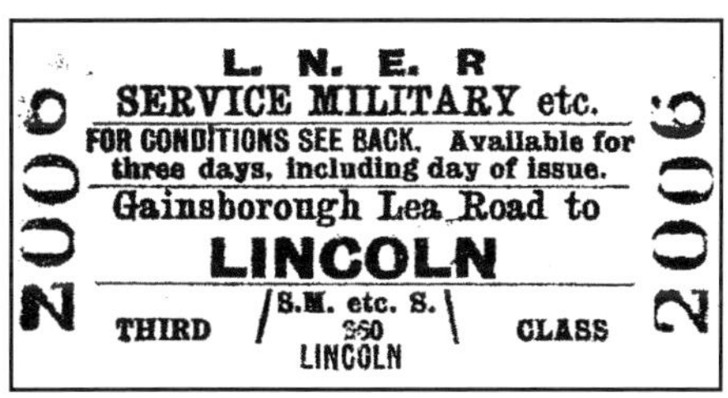

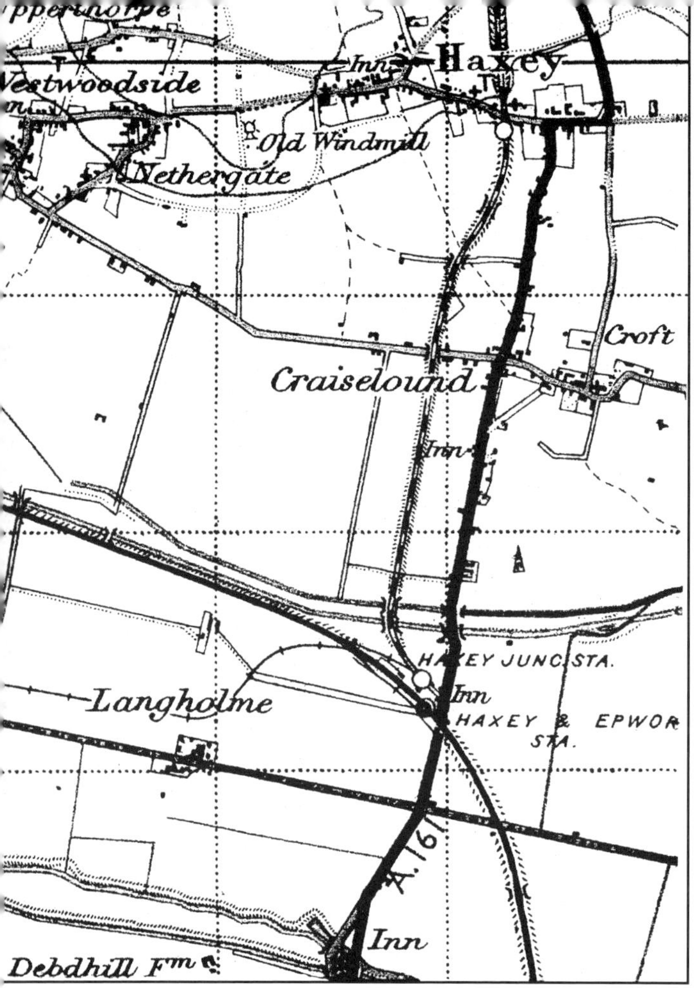


# HAXEY & EPWORTH

XIV. The 1961 edition at 2ins to 1 mile has our route from the lower to the left border. Running through the word Langholme is a line that only ever carried goods, to Misson. It was used fully in just 1912-15. Misson yard was served from the west, at Bawtry, from 1912 to 1964. The line to the north runs through Haxey Town and had local trains from 1905 to 1933. The line carried freight from 1904 to 1956. Epworth was the birthplace John and Charles Wesley; the founders of Methodism.

78. A fine panorama includes four staff dwellings beyond the level crossing and the side of the GNR Hotel on the left. The two coal wagons appear empty and are standing at the loading dock. The suffix & EPWORTH was added in May 1884. That village housed 1856 in 1901 and 1975 in 1961. (N.Catford coll.)

79. A view from the crossing includes the water column more clearly. Near the bottom of it is a coal stove, which would be kept alight during freezing conditions. They were known as 'Braziers' locally. Passenger service ceased on 2nd February 1959. (D.Rokeby/R.Humm)

80. Class K3 2-6-0 no. 61873 is seen in about 1950, with a train bound for Lincoln. The coaches are extremely assorted and the locomotive appears to have four small chimneys – we apologise. (W.A.Camwell/SLS)

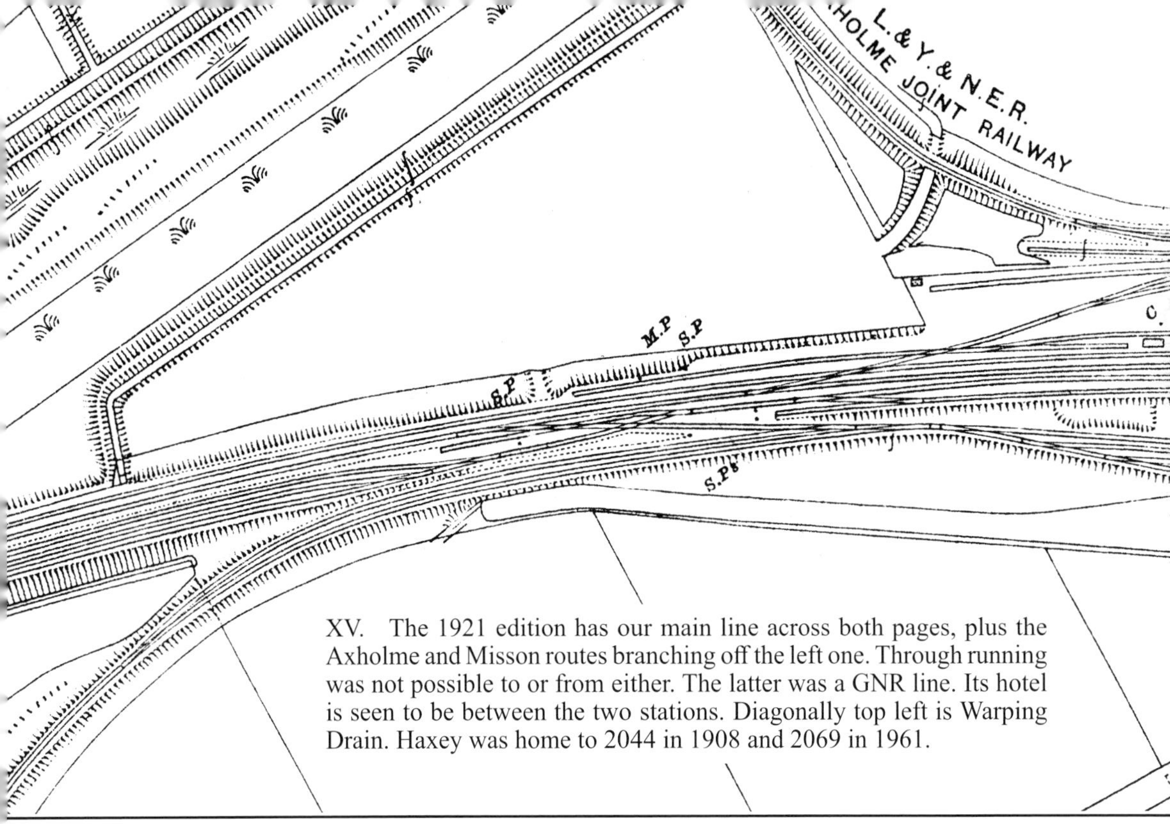


XV. The 1921 edition has our main line across both pages, plus the Axholme and Misson routes branching off the left one. Through running was not possible to or from either. The latter was a GNR line. Its hotel is seen to be between the two stations. Diagonally top left is Warping Drain. Haxey was home to 2044 in 1908 and 2069 in 1961.

81. The box was simply named HAXEY and was opened in 1911. The levers numbered 45. It was photographed on 17th June 1973 and was closed on 5th December 1977. (M.A.King)

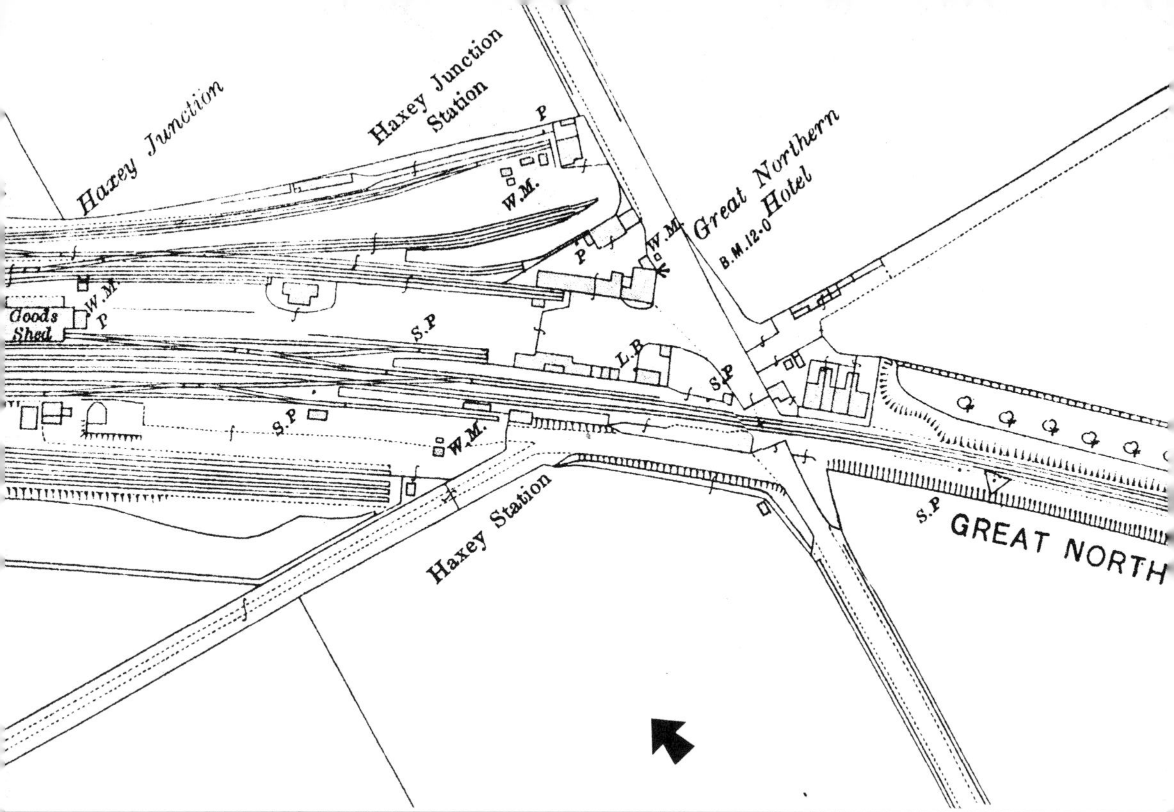


82. Turning a little on the same day, we see the goods shed and the staff accommodation between the two stations. Goods traffic had ceased on 29th June 1964; the yard had a 5-ton capacity crane. (M.A.King)

# PARK DRAIN

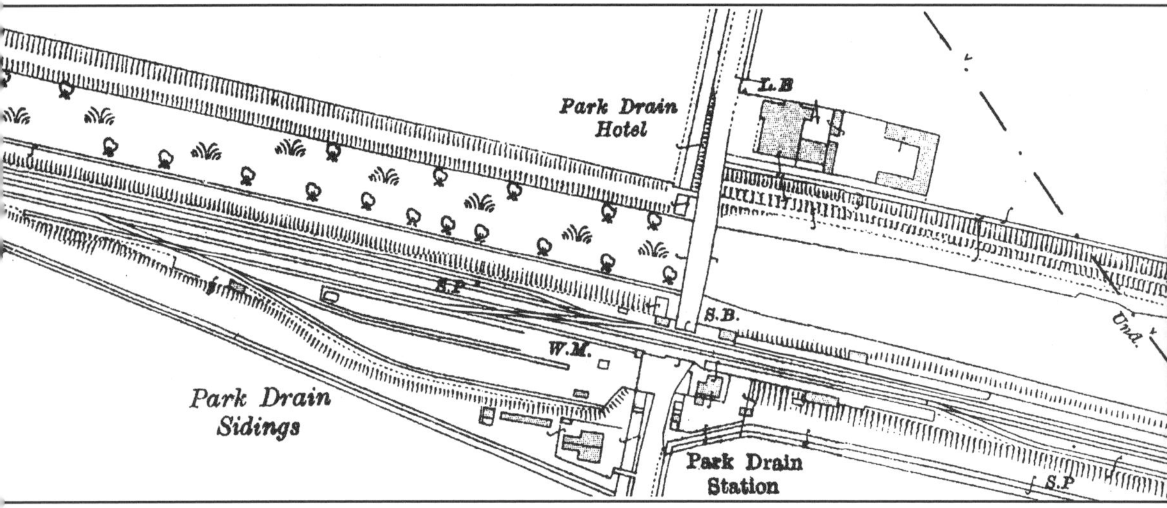


XVI. The 1921 edition reveals that there was no goods shed or crane. L.B indicates a letter box. The active drain is to the right of the bridge; to the left of it is marshland instead.

83. The flat land of the district is evident in this eastward panorama from July 1953. These were the only shelters; the station opening later than the others. This took place on 2nd February 1896. On the left is an old coach or van body. (D.A.Thompson/N.Catford)

84. Closure to passengers came on 7th February 1955 and to goods on 6th April 1964. The previous signal box was named IDLE BANK. This one dates from about 1926 and had 25 levers. Closure came on 5th December 1977. The yard entrance gate is on the right. (Milepost 92½)

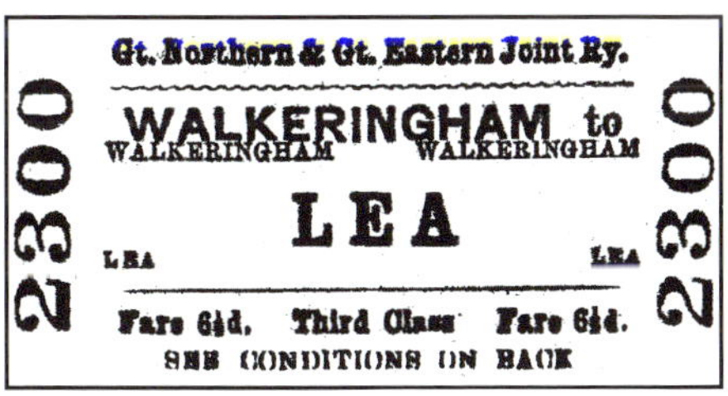

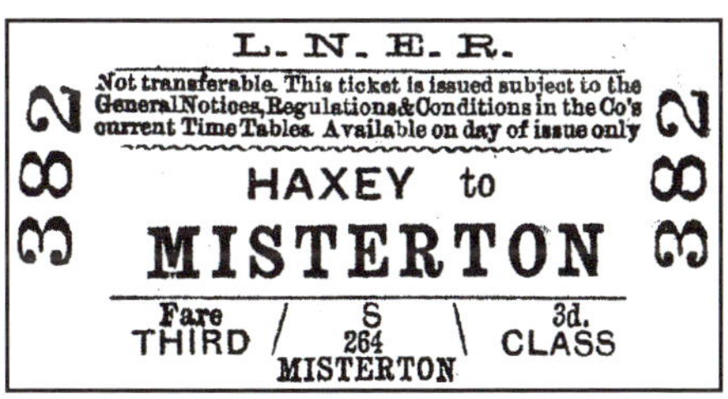


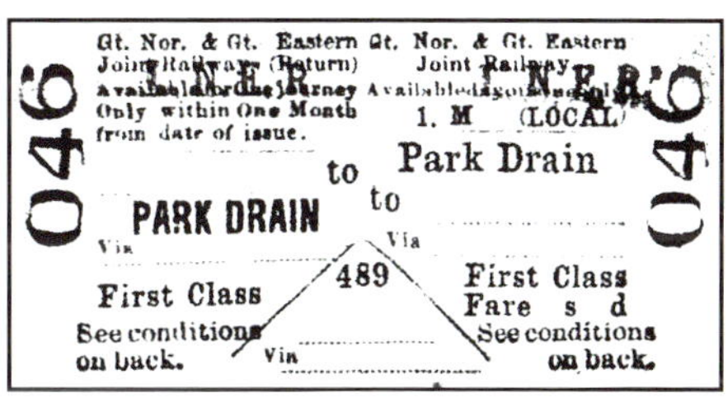

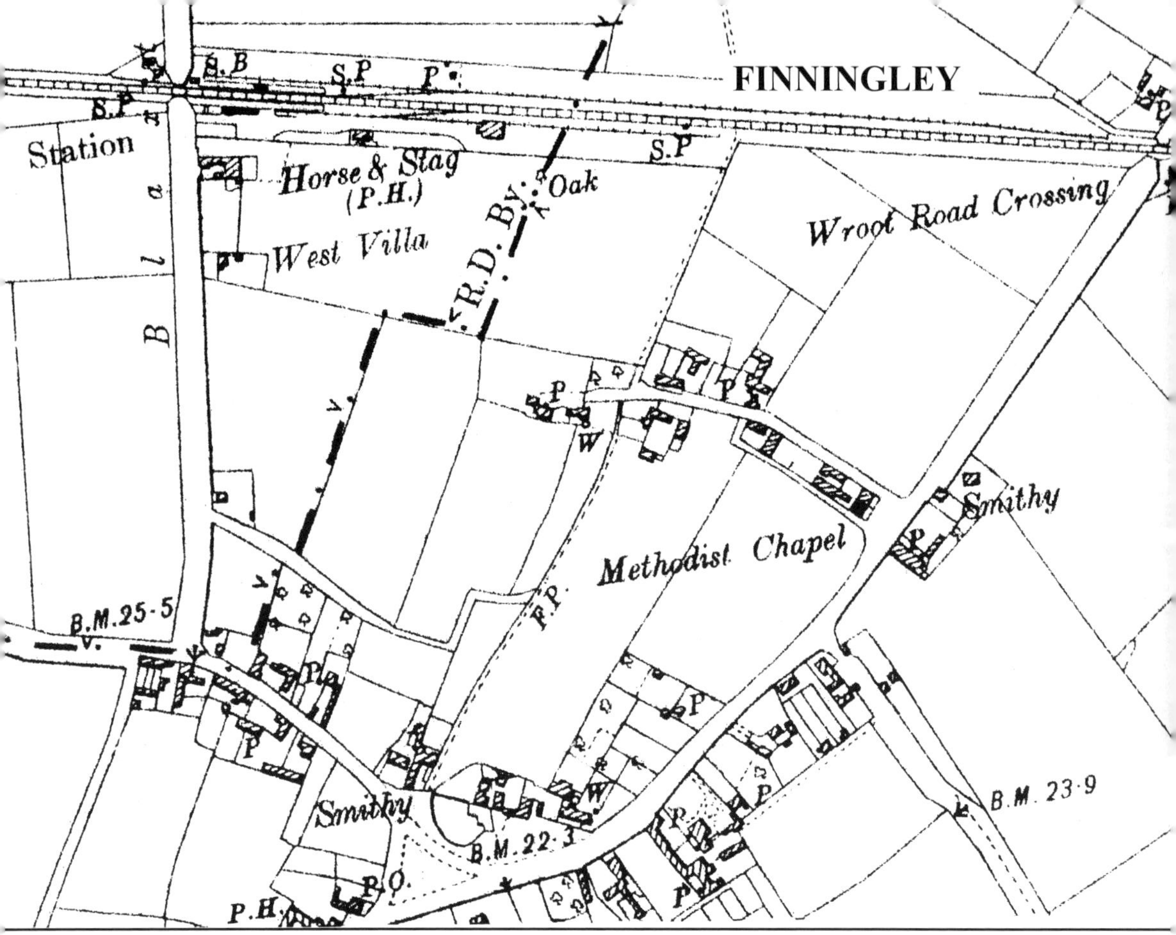


XVII. The 1905 survey is at 12ins to 1 mile and reveals the close proximity of the village. The census four years earlier showed 352 residents, this figure rising to 917 60 years later. The siding on the up side is twice as long as the one on the down side. There was a 5-ton crane here. The boundary between Lincolnshire and Yorkshire is shown with dots and dashes.

85. The buildings and layouts have similarities to others we have seen this side of Gainsborough. The loading dock is on the left and the signal box on the right. This opened in 1877, with 35 levers. Its gates were replaced by barriers on 8th December 1974 and its levers by a panel in 1977. It has just been responsible for the barriers since 9th September 1979. (N.Catford coll.)

86. The 12.12pm Lincoln to Doncaster stops on 18th February 1961. Trains ceased to call after 11th September of that year and goods ceased on 6th July 1964, but coal continued to arrive until 6th September 1965. The nearby RAF airfield had public events annually in the summers of 1961-63 and special trains were run from places such as Barnsley and Conisbrough. (J.Langford)

87. A temporary station based on scaffolding was used in the Septembers of 1982-84. It was one mile west of the original station and was open for just the three events. The bomber base closed in 1995 and the site opened as Robin Hood Airport in 2005. Passengers still awaited a station 12 years later. (J.Law)

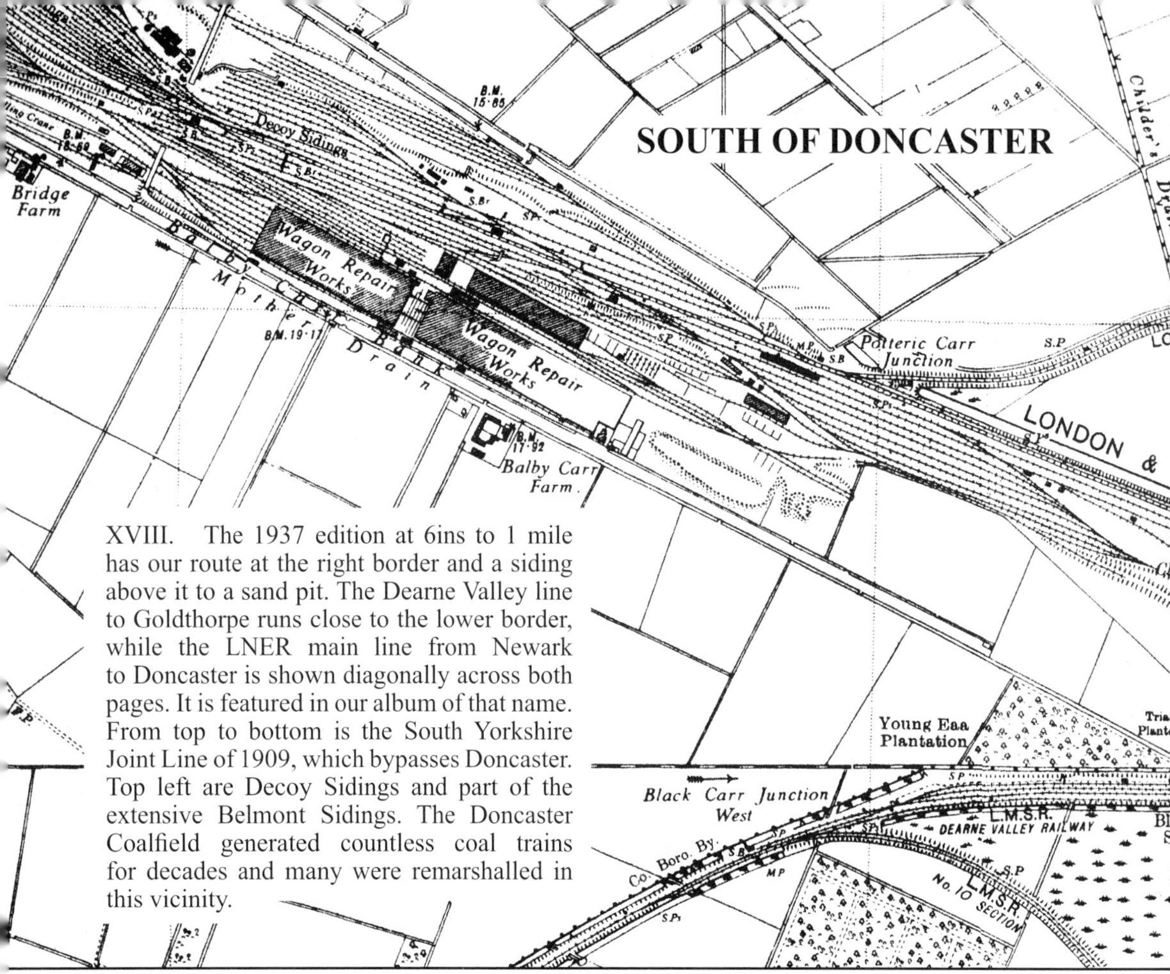


XVIII. The 1937 edition at 6ins to 1 mile has our route at the right border and a siding above it to a sand pit. The Dearne Valley line to Goldthorpe runs close to the lower border, while the LNER main line from Newark to Doncaster is shown diagonally across both pages. It is featured in our album of that name. From top to bottom is the South Yorkshire Joint Line of 1909, which bypasses Doncaster. Top left are Decoy Sidings and part of the extensive Belmont Sidings. The Doncaster Coalfield generated countless coal trains for decades and many were remarshalled in this vicinity.

88. This box at Bessacarr Junction was in use from 1877 to 1909, when the Dearne Valley line came into use. Its trackbed is in the background. The next box here was worked from 1909 to 2nd May 1977 and had 35 levers. It is on the right of the map. (J.Alsop coll.)

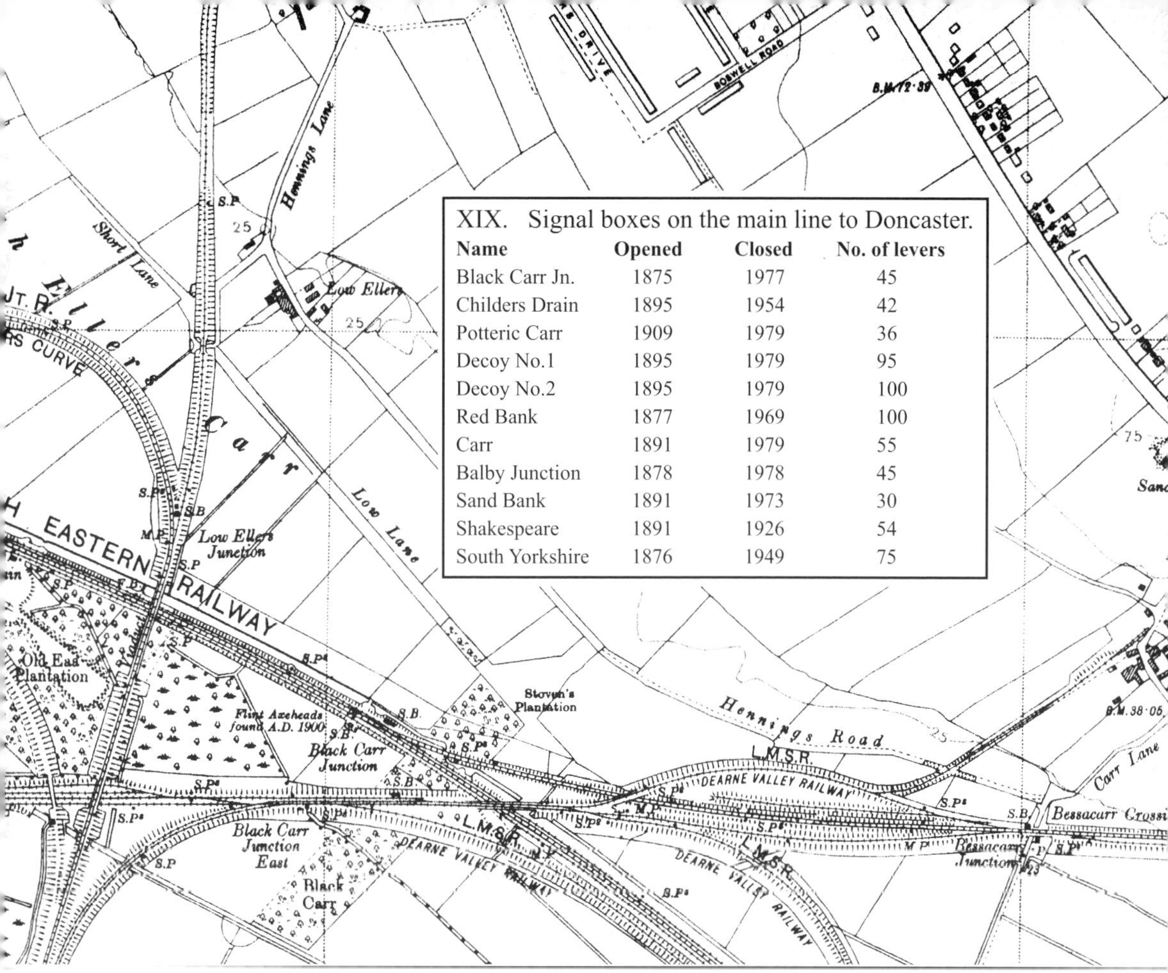


XIX. Signal boxes on the main line to Doncaster.

| Name | Opened | Closed | No. of levers |
|---|---|---|---|
| Black Carr Jn. | 1875 | 1977 | 45 |
| Childers Drain | 1895 | 1954 | 42 |
| Potteric Carr | 1909 | 1979 | 36 |
| Decoy No.1 | 1895 | 1979 | 95 |
| Decoy No.2 | 1895 | 1979 | 100 |
| Red Bank | 1877 | 1969 | 100 |
| Carr | 1891 | 1979 | 55 |
| Balby Junction | 1878 | 1978 | 45 |
| Sand Bank | 1891 | 1973 | 30 |
| Shakespeare | 1891 | 1926 | 54 |
| South Yorkshire | 1876 | 1949 | 75 |

89. Black Carr Sidings East Box is annotated on the right page of the map, but the sidings are across the gutter between the pages. The box opened in 1909 and had a 60-lever frame. It was damaged by fire in 1928 and rebuilt using LNWR parts. (J.Alsop coll.)

90. Passing Decoy No. 2 Box on 26th June 1952 is no. 60141 *Abbotsford*, classified A1 by the LNER. Its headboard states 'Yorkshire Pullman'. It left King's Cross at 5.30pm and arrived at Doncaster at 8.20pm, terminating at Leeds at 9.14. (N.E.Preedy/R.Humm)

91. Negotiating the spur from St Catherine's Junction to Decoy South Junction, on 29th May 2007, is Belmont pilot loco no. 08514, heading an assortment of wagons from Doncaster Railport, which would travel forward on Enterprise services. The three containerised tanks next to the locomotive were destined for Mossend and the car carriers were returning to Portbury. The adjacent sidings contain a mixture of gypsum containers, empty coal hoppers and railway infrastructure wagons. The disused mail terminal is visible on the right. It had opened in May 1997. (P.D.Shannon)

92. No. 08514 leaves the 1966 Railport with the daily trip working to Belmont Yard on the same day, consisting of various types of empty car carriers. Doncaster Railport never fulfilled its Channel Tunnel ambitions, but became a busy destination for deep sea containers from Felixstowe and Southampton, as well as handling imported cars from Portbury. A class 66 loco waits in Decoy Up Yard, on the left, next to the two short sidings that were used for wagon maintenance. (P.D.Shannon)

93. We overlook part of the former Royal Mail distribution terminal, sadly closed when the Railnet network was abandoned. No. 66059 slows for a crew change with empty breeze block wagons from Bow to Heck on 4th August 2014. A rake of Freightliner Heavy Haul coal hoppers awaits its next duty in the adjacent siding. Visible on the far left is the single track spur from Decoy Up Yard to the South Yorkshire Joint line. (P.D.Shannon)

94. Carr Box is on the right; it opened in 1891 with 30 levers (later 55) and closed on 6th May 1979. Carr was in the name of three other boxes nearby. It referred to the locality, meaning 'Wet Woodland'. (P.Laming coll.)

## Engine Sheds

95. This is the view north from the top of the coaling plant in April 1932. It was at the north end of the yard, north of Potteric Carr Junction. The earlier coaling facilities are in the background. The shed was coded 36A from 1949 until its closure in 1966. It had 180 engines in 1960, but only 63 by 1965. (M.J.Stretton coll.)

96. The new plant is on the right of this June 1961 panorama, but poor visibility prevails. This was not unusual in depots of this size. It was created by the GNR and a turning triangle was available for many years. The facilities were also used by GER engines. A turntable arrived in 1960, rather belatedly. (R.S.Carpenter coll.)

97. The Traction Maintenance Depot was created later, in the same vicinity. No. 56069 is in attendance on 16th March 1992. The tank on the left had lost its pipe and flexible bag for guiding water into tenders or side tanks of engines. (M.J.Stretton)

## The Approach

98. Bridge Junction Box is behind the middle of the train, which is the 08.00 from King's Cross to Edinburgh on 27th May 1978, hauled by no. 55022 *Royal Scots Grey*. The rear of the train is in the 95yd long Balby Bridge Tunnel. (T.Heavyside)

99. We are at the final box before entering the station. South Box opened on 9th January 1949 and replaced an 1877 one, which had 90 levers. The one seen had a panel and lasted until 9th July 1979. Running in on 12th April 1962 is no. 60063 *Isinglass*, a 4-6-2 classified by the LNER as A3. (Bentley coll.)

XX. The 1928 edition of the 6ins to 1 mile map has the station and main works top left. The lines on the left are to Mexborough.

100. The initial simple structure was erected in 1848 and its permanent replacement was opened on 16th September 1850. This is a later record of its east elevation. The building was dismantled completely in 1940 to enable an extra track to be laid and an up island platform to be created. The new No. 1 opened in November 1941. (LOSA)

101. It is January 1923 and GER 4-4-0 no. 1894 has arrived from March at 1.22pm. We are looking across the ventilators on a coach roof. The down platform had become an island in the mid-1870s. (J.Alsop coll.)

102. Two pictures from 1948 feature the two through running lines flanked by the two platform roads. The centre two were used by through expresses and freight trains. The suffix CENTRAL was applied from 1923 to 1951. (Stations UK)

103. Sheeted goods wagons are in profusion. No. 923 was a class V2 2-6-2. The footbridge was for use by workers in the massive ex-GNR facilities called Plant Works. (Stations UK)

104. After the constraints and difficulties of the transitions of the 1950s, 1960 brought improvements in some aspects of BR. Here is the new Control Office in Gresley House. (BR/R.Humm coll.)

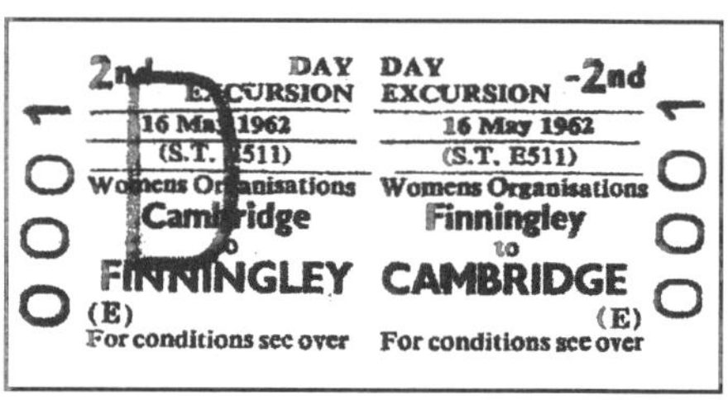

105. We are looking north in about 1961, after the ironwork seen in pictures 102 and 103 had been removed and a new footbridge provided. On the left is the roof of The Plant, the term widely used for the Works. (J.Chesney coll.)

106. A photo from 23rd April 1962 shows crew changing in progress on no. 60154 *Bon Accord*, an ex-LNER class A1 4-6-2 on an up express. Part of the old bridge remained on the left; it had a roof for many years. (Bentley coll.)

107. A northward panorama from 1963 has the platforms in the distance, now numbered 1 to 8 from right to left. The Plant is on the extreme left. There was an electric tramway in the streets, on the right, in 1902-35. On the right page is a 'standby' engine. (D.K.Jones coll.)

108. We look north on 6th June 1969, when the main down platform (left) was carrying the number 5. A London train waits to depart from No. 4 and parcels are loaded into a DMU at No. 3. No details are on record this time. (H.C.Casserley)

109. It is 27th May 1978 and no. 254002 leads the 07.32 Newcastle to King's Cross on the up through line. This was the last year that semaphore signals could be found in the district. South Box is shown; it closed on 9th July 1979. The full eastern frontage of The Plant is evident. (T.Heavyside)

110. The new building was started in 1938, but the advent of war delayed its completion. In some reports it is described as being in a Restrained Art Deco style, with red brick and spare ashlar dressings. It was Listed Grade II and, in 1976, was provided with a new travel centre. Further alterations followed in 1990-91. The important clock is seen on 3rd June 1999. (A.C.Hartless)

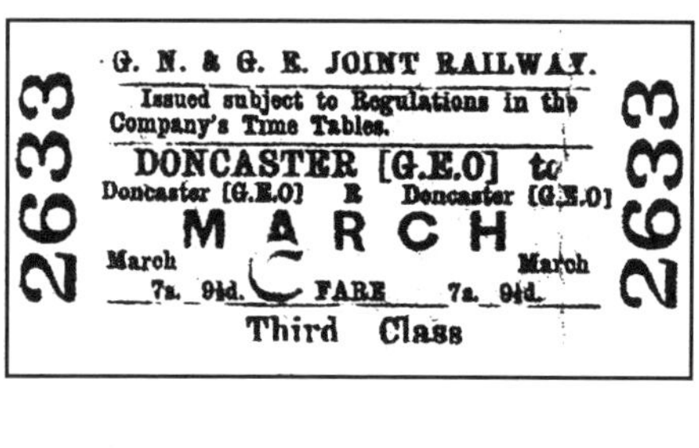


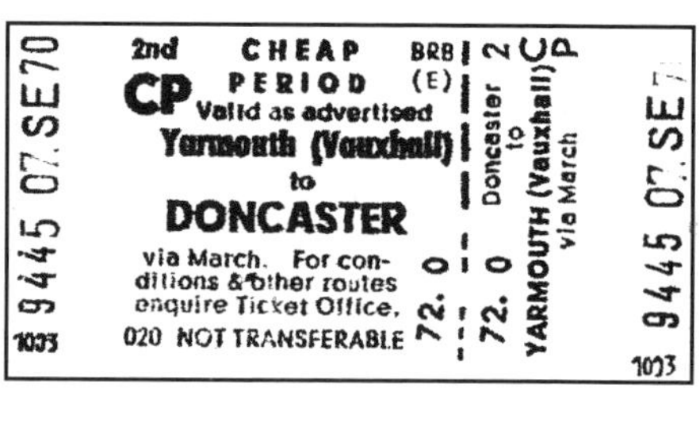

111. Three photos from the same day follow. Platform 1 is adjacent to the station building and the up passenger loop is occupied here by DMU no. 144005 working the 11.03 to Scunthorpe. The overhead electrification had come into use on 14th May 1990, linking Leeds and Peterborough and serving all platforms here. The loop lines near the Belmont Sidings were also wired. (A.C.Hartless)

112. Platform 5 is the south facing bay in the western island platform, seen here with single car diesel unit no. 153354 on the 10.15 Lincoln service. We are looking north, with a few windows of The Plant visible. (A.C.Hartless)

113. This is a rearward view of single car diesel unit no. 153354 as it departs from bay platform 5 with the 10.15 to Lincoln. Doncaster Signalling Centre is far left, beyond platforms 3b and 2. Beyond the signal gantry, in the background, is the widened road bridge. (A.C.Hartless)

*Good Lines* journal of Temperance Hotels, 1911.

114. Hull Trains unit no. 180110 calls at Doncaster's main down platform, as Freightliner Heavy Haul loco no. 66613 gets the right of way on the up fast line with the 09.43 Redcar-Cottam coal train. The date is 22nd February 2011. At that time, several trainloads of imported coal would pass through Doncaster each weekday, mostly bound for power stations in the Trent Valley. (P.D.Shannon)

115. No. 82216 is leading the 16.25 Newcastle to King's Cross in SKY HD livery on 17th July 2014. The need to raise the footbridge further is now apparent. (J.Whitehouse)

116. No. 180113 is about to arrive at Platform 1 on 25th March 2016, working the 10.30 Hull to King's Cross. Under construction on the right, on the site of one of two sidings, is Platform 0. It was opened on 12th December 2016, when bi-directional signalling came into use on the through lines. The track on the right retained its buffer stop and a footbridge was provided to Platforms 1 and 2. (A.Smith)

**For other views, see our *Newark to Doncaster* volume. The *Doncaster Trolleybuses* album from Middleton Press details other aspects of local transport.**

117. Undergoing overhaul in 1932 is ex-NER class Q5 0-8-0 no. 658. In the foreground are jacks and stands for supporting engines when devoid of wheels. One of the rails for a travelling crane is on the wall above the smokebox, which is on the right. (R.S.Carpenter coll.)

DONCASTER.—**The Albany Temperance Commercial** Hotel. Very Central. Three minutes' walk from the Station Moderate charges. Market Place corner of Baxter Gate.
GEORGE RAITHBY, Proprietor

DONCASTER.—**Fallas** Commercial Temperance Hotel, 20, Hall Gate.
Central. Cars pass the door. Moderate Tariff. E. LANSDOWN, Proprietress.

DONCASTER.—
**"WEBB'S HOTEL,"** 19. Hall Gate.

*Good Lines* journal of Temperance Hotels, 1911.

118. A new erecting shop had been completed in 1891. It had two 30-ton overhead travelling cranes and space for 10 locomotives to be built at once. Hydraulic power was used and electricity was generated here from 1899. Nos 60108 *Gay Crusader* and 60044 *Melton* are ex-LNER class A3 4-6-2s. They are seen between early 1962 and late 1963, by when they had been withdrawn. (M.J.Stretton coll.)

119. The first class 58 was completed here in November 1982, the last being finished in April 1987; 50 were built. Nos 58016, 58017 and 58018 are seen nearing completion on 28th July 1984. On the left is no. 31318. After 1987, loco maintenance and wagon repairs were the main tasks undertaken here. (T.Heavyside)

120. Two class 47s are nearest in this view from 16th March 1992. Privatisation had taken place on 16th October 1987. Work on Pacers was a regular task; one is visible, but wagon fleet care became the main work for RFS Industries. This was acquired by the Westinghouse Air Brake Company in 1998. It was renamed in 2000 and became Wabtec Rail Ltd. Maintenance of London Underground stock was often undertaken, as well as that of wagons and shunting locomotives. (M.J.Stretton)

A
Abergavenny to Merthyr C 91 8
Abertillery & Ebbw Vale Lines D 84 5
Aberystwyth to Carmarthen E 90 1
Allhallows - Branch Line to A 62 8
Alton - Branch Lines to A 11 6
Andover to Southampton A 82 6
Ascot - Branch Lines around A 64 2
Ashburton - Branch Line to B 95 4
Ashford - Steam to Eurostar B 67 1
Ashford to Dover A 48 2
Austrian Narrow Gauge D 04 3
Avonmouth - BL around D 42 5
Aylesbury to Rugby D 91 3
B
Baker Street to Uxbridge D 90 6
Bala to Llandudno E 87 1
Banbury to Birmingham D 27 2
Banbury to Cheltenham E 63 5
Bangor to Holyhead F 01 7
Bangor to Portmadoc E 72 7
Barking to Southend C 80 2
Barmouth to Pwllheli E 53 6
Barry - Branch Lines around D 50 0
Bartlow - Branch Lines to F 27 7
Bath Green Park to Bristol C 36 9
Bath to Evercreech Junction A 60 4
Beamish 40 years on rails E94 9
Bedford to Wellingborough D 31 9
Berwick to Drem F 64 2
Berwick to St. Boswells F 75 8
B'ham to Tamworth & Nuneaton F 63 5
Birkenhead to West Kirby F 61 1
Birmingham to Wolverhampton E253
Blackburn to Hellifield F 95 6
Bletchley to Cambridge D 94 4
Bletchley to Rugby E 07 9
Bodmin - Branch Lines around B 83 1
Boston to Lincoln F 80 2
Bournemouth to Evercreech Jn A 46 8
Bournemouth to Weymouth A 57 4
Bradshaw's History F18 5
Bradshaw's Rail Times 1850 F 13 0
Bradshaw's Rail Times 1895 F 11 6
Branch Lines series - see town names
Brecon to Neath D 43 2
Brecon to Newport D 16 6
Brecon to Newtown E 06 2
Brighton to Eastbourne A 16 1
Brighton to Worthing A 03 1
Bristol to Taunton D 03 6
Bromley South to Rochester B 23 7
Bromsgrove to Birmingham D 87 6
Bromsgrove to Gloucester D 73 9
Broxbourne to Cambridge F16 1
Brunel - A railtour D 74 6
Bude - Branch Line to B 29 9
Burnham to Evercreech Jn B 68 0
C
Cambridge to Ely D 55 5
Canterbury - BLs around B 58 9
Cardiff to Dowlais (Cae Harris) E 47 5
Cardiff to Pontypridd E 95 6
Cardiff to Swansea E 42 0
Carlisle to Hawick E 85 7
Carmarthen to Fishguard E 66 6
Caterham & Tattenham Corner B251
Central & Southern Spain NG E 91 8
Chard and Yeovil - BLs a C 30 7
Charing Cross to Dartford A 75 8
Charing Cross to Orpington A 96 3
Cheddar - Branch Line to B 90 9
Cheltenham to Andover C 43 7
Cheltenham to Redditch D 81 4
Chester to Birkenhead F 21 5
Chester to Manchester F 51 2
Chester to Rhyl E 93 2
Chester to Warrington F 40 6
Chichester to Portsmouth A 14 7
Clacton and Walton - BLs to F 04 8
Clapham Jn to Beckenham Jn B 36 7
Cleobury Mortimer - BLs a E 18 5
Clevedon & Portishead - BLs to D180
Consett to South Shields E 57 4
Cornwall Narrow Gauge D 56 2
Corris and Vale of Rheidol E 65 9
Coventry to Leicester G 00 5
Craven Arms to Llandeilo E 35 2
Craven Arms to Wellington E 33 8
Crawley to Littlehampton A 34 5
Crewe to Manchester F 57 4
Cromer - Branch Lines around C 26 0
Croydon to East Grinstead B 48 0
Crystal Palace & Catford Loop B 87 1
Cyprus Narrow Gauge E 13 0
D
Darjeeling Revisited F 09 3
Darlington Leamside Newcastle E 28 4
Darlington to Newcastle D 98 2
Dartford to Sittingbourne B 34 3
Denbigh - Branch Lines around F 32 1
Derby to Stoke-on-Trent F 93 2
Derwent Valley - BL to the D 06 7
Devon Narrow Gauge E 09 3
Didcot to Banbury D 02 9
Didcot to Swindon C 84 0
Didcot to Winchester C 13 0
Dorset & Somerset NG D 76 0
Douglas - Laxey - Ramsey E 75 8
Douglas to Peel C 88 8
Douglas to Port Erin C 55 0
Douglas to Ramsey D 39 5
Dover to Ramsgate A 78 9
Drem to Edinburgh G 06 7
Dublin Northwards in 1950s E 31 4
Dunstable - Branch Lines to E 27 7
E
Ealing to Slough C 42 0
Eastbourne to Hastings A 27 7
East Cornwall Mineral Railways D 22 7
East Croydon to Three Bridges A 53 6
Eastern Spain Narrow Gauge E 56 7
East Grinstead - BLs to A 07 9
East Kent Light Railway A 61 1
East London - Branch Lines of C 44 4
East London Line B 80 0
East of Norwich - Branch Lines E 69 7
Effingham Junction - BLs a A 74 1
Ely to Norwich C 90 1
Enfield Town & Palace Gates D 32 6
Epsom to Horsham A 30 7
Eritrean Narrow Gauge E 38 3
Euston to Harrow & Wealdstone C 89 5
Exeter to Barnstaple B 15 2
Exeter to Newton Abbot C 49 9
Exeter to Tavistock B 69 5
Exmouth - Branch Lines to B 00 8
F
Fairford - Branch Line to A 52 9
Falmouth, Helston & St. Ives C 74 1
Fareham to Salisbury A 67 3
Faversham to Dover B 05 3
Felixstowe & Aldeburgh - BL to D 20 3
Fenchurch Street to Barking C 20 8
Festiniog - 50 yrs of enterprise C 83 3
Festiniog 1946-55 E 01 7
Festiniog in the Fifties B 68 8
Festiniog in the Sixties B 91 6
Ffestiniog in Colour 1955-82 F 25 3
Finsbury Park to Alexandra Pal C 02 8
French Metre Gauge Survivors F 88 8
Frome to Bristol B 77 0
G
Galashiels to Edinburgh F 52 9
Gloucester to Bristol D 35 7
Gloucester to Cardiff D 66 1
Gosport - Branch Lines around A 36 9
Greece Narrow Gauge D 72 2
H
Hampshire Narrow Gauge D 36 4
Harrow to Watford D 14 2
Harwich & Hadleigh - BLs to F 02 4
Harz Revisited F 62 8
Hastings to Ashford A 37 6
Hawick to Galashiels F 36 9
Hawkhurst - Branch Line to A 66 6
Hayling - Branch Line to A 12 3
Hay-on-Wye - BL around D 92 0
Haywards Heath to Seaford A 28 4
Hemel Hempstead - BLs to D 88 3
Henley, Windsor & Marlow - BLa C77 2
Hereford to Newport D 54 8
Hertford & Hatfield - BLs a E 58 1
Hertford Loop E 71 0
Hexham to Carlisle D 75 3
Hexham to Hawick F 08 6
Hitchin to Peterborough D 07 4
Holborn Viaduct to Lewisham A 81 9
Horsham - Branch Lines to A 02 4
Huntingdon - Branch Line to A 93 2
I
Ilford to Shenfield C 97 0
Ilfracombe - Branch Line to B 21 3
Industrial Rlys of the South East A 09 3
Ipswich to Diss F 81 9
Ipswich to Saxmundham C 41 3
Isle of Man Railway Journey G 02 9
Isle of Wight Lines - 50 yrs C 12 3
Italy Narrow Gauge F 17 8
K
Kent Narrow Gauge C 45 1
Kettering to Nottingham F 82-6
Kidderminster to Shrewsbury E 10 9
Kingsbridge - Branch Line to C 98 7
Kings Cross to Potters Bar E 62 8
King's Lynn to Hunstanton F 58 1
Kingston & Hounslow Loops A 83 3
Kingswear - Branch Line to C 17 8
L
Lambourn - Branch Line to C 70 3
Launceston & Princetown - BLs C 19 2
Leek - Branch Line From G 01 2
Leicester to Burton F 85 7
Lewisham to Dartford A 92 5
Lincoln to Cleethorpes F 56 7
Lincoln to Doncaster G 03 6
Lines around Stamford F 98 7
Lines around Wimbledon B 75 6
Liverpool Street to Chingford D 01 2
Liverpool Street to Ilford C 34 5
Llandeilo to Swansea E 46 8
London Bridge to Addiscombe B 20 6
London Bridge to East Croydon A 58 1
Longmoor - Branch Lines to A 41 3
Looe - Branch Line to C 22 2
Loughborough to Nottingham F 68 0
Lowestoft - BLs around E 40 6
Ludlow to Hereford E 14 7
Lydney - Branch Lines around E 26 0
Lyme Regis - Branch Line to A 45 1
Lynton - Branch Line to B 04 6
M
Machynlleth to Barmouth E 54 3
Maesteg and Tondu Lines E 06 2
Majorca & Corsica Narrow Gauge F 41 3
March - Branch Lines around B 09 1
Market Drayton - BLs around F 67 3
Market Harborough to Newark F 86 4
Marylebone to Rickmansworth D 49 4
Melton Constable to Yarmouth Bch E031
Midhurst - Branch Lines of E 78 9
Midhurst - Branch Lines to F 00 0
Minehead - Branch Line to A 80 2
Mitcham Junction Lines B 01 5
Monmouth - Branch Lines to E 20 8
Monmouthshire Eastern Valleys D 71 5
Moretonhampstead - BL to C 27 7
Moreton-in-Marsh to Worcester D 26 5
Morpeth to Bellingham F 87 1
Mountain Ash to Neath D 80 7
N
Newark to Doncaster F 78 9
Newbury to Westbury C 66 6
Newcastle to Hexham D 69 2
Newport (IOW) - Branch Lines to A 26 0
Newquay - Branch Lines to C 71 0
Newton Abbot to Plymouth C 60 4
Newtown to Aberystwyth E 41 3
Northampton to Peterborough F 92 5
North East German NG D 44 9
Northern Alpine Narrow Gauge F 37 6
Northern France Narrow Gauge C 75 8
Northern Spain Narrow Gauge E 83 3
North London Line B 94 7
North of Birmingham F 55 0
North Woolwich - BLs around C 65 9
Nottingham to Boston F 70 3
Nottingham to Lincoln F 43 7
O
Ongar - Branch Line to E 05 5
Orpington to Tonbridge B 03 9
Oswestry - Branch Lines around E 60 4
Oswestry to Whitchurch E 81 9
Oxford to Bletchley D 57 9
Oxford to Moreton-in-Marsh D 15 9
P
Paddington to Ealing C 37 6
Paddington to Princes Risborough C819
Padstow - Branch Line to B 54 1
Pembroke and Cardigan - BLs to F 29 1
Peterborough to Kings Lynn E 32 1
Peterborough to Lincoln F 89 5
Peterborough to Newark F 72 7
Plymouth - BLs around B 98 5
Plymouth to St. Austell C 63 5
Pontypool to Mountain Ash D 65 4
Pontypridd to Merthyr F 14 7
Pontypridd to Port Talbot E 86 4
Porthmadog 1954-94 - BLa B 31 2
Portmadoc 1923-46 - BLa B 13 8
Portsmouth to Southampton A 31 4
Portugal Narrow Gauge E 67 3
Potters Bar to Cambridge D 70 8
Princes Risborough - BL to D 05 0
Princes Risborough to Banbury C 85 7
R
Railways to Victory C 16 1
Reading to Basingstoke B 27 5
Reading to Didcot C 79 6
Reading to Guildford A 47 5
Redhill to Ashford A 73 4
Return to Blaenau 1970-82 C 64 2
Rhyl to Bangor F 15 4
Rhymney & New Tredegar Lines E 48 2
Rickmansworth to Aylesbury D 61 6
Romania & Bulgaria NG E 23 9
Romneyrail C 32 1
Ross-on-Wye - BLs around E 30 7
Ruabon to Barmouth E 84 0
Rugby to Birmingham E 37 6
Rugby to Loughborough F 12 3
Rugby to Stafford F 07 9
Rugeley to Stoke-on-Trent F 90 1
Ryde to Ventnor A 19 2
S
Salisbury to Westbury B 39 8
Sardinia and Sicily Narrow Gauge F 50 5
Saxmundham to Yarmouth C 69 7
Saxony & Baltic Germany Revisited F 71 0
Saxony Narrow Gauge D 47 0
Seaton & Sidmouth - BLs to A 95 6
Selsey - Branch Line to A 04 8
Sheerness - Branch Line to B 16 2
Shenfield to Ipswich E 96 3
Shrewsbury - Branch Line to A 86 4
Shrewsbury to Chester E 70 3
Shrewsbury to Crewe F 48 2
Shrewsbury to Ludlow E 21 5
Shrewsbury to Newtown E 29 1
Sierra Leone Narrow Gauge D 28 9
Sirhowy Valley Line E 12 3
Sittingbourne to Ramsgate A 90 1
Skegness & Mablethorpe - BL to F 84 0
Slough to Newbury C 56 7
South African Two-foot gauge E 51 2
Southampton to Bournemouth A 42 0
Southend & Southminster BLs E 76 5
Southern Alpine Narrow Gauge F 22 2
Southern France Narrow Gauge C 47 5
South London Line B 46 6
South Lynn to Norwich City F 03 1
Southwold - Branch Line to A 15 4
Spalding - Branch Lines around E 52 9
Spalding to Grimsby F 65 9 6
Stafford to Chester F 34 5
Stafford to Wellington F 59 8
St Albans to Bedford D 08 1
St. Austell to Penzance C 67 3
St. Boswell to Berwick F 44 4
Steaming Through Isle of Wight A 56
Steaming Through West Hants A 69
Stourbridge to Wolverhampton E 16
St. Pancras to Barking D 68 5
St. Pancras to Folkestone E 88 8
St. Pancras to St. Albans C 78 9
Stratford to Cheshunt F 53 6
Stratford-u-Avon to Birmingham D77
Stratford-u-Avon to Cheltenham C25
Sudbury - Branch Lines to F 19 2
Surrey Narrow Gauge C 87 1
Sussex Narrow Gauge C 68 0
Swaffham - Branch Lines around F 9
Swanage to 1999 - BL to A 33 8
Swanley to Ashford B 45 9
Swansea - Branch Lines around F 38
Swansea to Carmarthen E 59 8
Swindon to Bristol C 96 3
Swindon to Gloucester D 46 3
Swindon to Newport D 30 2
Swiss Narrow Gauge C 94 9
T
Talyllyn 60 E 98 7
Tamworth to Derby F 76 5
Taunton to Barnstaple B 60 2
Taunton to Exeter C 82 6
Taunton to Minehead F 39 0
Tavistock to Plymouth B 88 6
Tenterden - Branch Line to A 21 5
Three Bridges to Brighton A 35 2
Tilbury Loop C 86 4
Tiverton - BLs around C 62 8
Tivetshall to Beccles D 41 8
Tonbridge to Hastings A 44 4
Torrington - Branch Lines to B 37 4
Tourist Railways of France G 04 3
Towcester - BLs around E 39 0
Tunbridge Wells BLs A 32 1
U
Upwell - Branch Line to B 64 0
Uttoxeter to Macclesfield G 05 0
V
Victoria to Bromley South A 98 7
Victoria to East Croydon A 40 6
Vivarais Revisited E 08 6
W
Walsall Routes F 45 1
Wantage - Branch Line to D 25 8
Wareham to Swanage 50 yrs D098
Waterloo to Windsor A 54 3
Waterloo to Woking A 38 3
Watford to Leighton Buzzard D 45 6
Wellingborough to Leicester F 73 4
Welshpool to Llanfair E 49 9
Wenford Bridge to Fowey C 09 3
Westbury to Bath B 55 8
Westbury to Taunton C 76 5
West Cornwall Mineral Rlys D 48 7
West Croydon to Epsom B 08 4
West German Narrow Gauge D 93 7
West London - BLs of C 50 5
West London Line B 84 8
West Wiltshire - BLs of D 12 8
Weymouth - BLs A 65 9
Willesden Jn to Richmond B 71 8
Wimbledon to Beckenham C 58 1
Wimbledon to Epsom B 62 6
Wimborne - BLs around A 97 0
Wisbech - BLs around C 01 7
Witham & Kelvedon - BLs a E 82 6
Woking to Alton A 59 8
Woking to Portsmouth A 25 3
Woking to Southampton A 55 0
Wolverhampton to Shrewsbury E44
Wolverhampton to Stafford F 79 6
Worcester to Birmingham D 97 5
Worcester to Hereford D 38 8
Worthing to Chichester A 06 2
Wrexham to New Brighton F 47 5
Wroxham - BLs around F 31 4
Y
Yeovil - 50 yrs change C 38 3
Yeovil to Dorchester A 76 5
Yeovil to Exeter A 91 8
York to Scarborough F 23 9